SHODENSHA
SHINSHO

謎の九州王権

若井敏明

祥伝社新書

はじめに――九州に存在した王権

三世紀後半から四世紀、現在の奈良盆地南東部・纏向《まきむく》に中心を持つヤマト王権が、日本列島統一の過程にあった。のちに崇神《すじん》・垂仁《すいにん》・景行《けいこう》天皇と呼ばれる大王《おおきみ》の時代である。

『古事記《こじき》』『日本書紀《にほんしょき》』（以下、併記は『記紀』）によれば、崇神天皇の時代に、東は北陸から東海、北は丹後《たんご》（4ページの図1）、西は吉備《きび》（のちの備前《びぜん》・備中《びっちゅう》・備後《びんご》・美作《みまさか》）が支配地となり、その後、出雲《いずも》も支配に屈服した。垂仁天皇の時代に但馬《たじま》の勢力を降《くだ》したヤマト王権は、いよいよ九州地方に本格的な進出をくわだてる。『日本書紀』と九州の『風土記《ふどき》』によれば、景行天皇自身による親征であったという。その実年代は明言できないが、纏向に王都があった末期頃と思われるので、おそらく四世紀前半であろう。

このように、日本の史料では、ヤマト王権と九州勢力の接触は四世紀にならないと認められない。私が、三世紀に九州諸国を統括していた倭《わ》王・卑弥呼《ひみこ》の都《みやこ》である邪馬台国《やまたいこく》は畿内《きない》の大和《やまと》ではなく、九州に所在したと確信する所以《ゆえん》である。

したがって、本書では邪馬台国の所在地については、九州説を前提にして論じることに

図1　律令制下の行政区画　※主に西日本

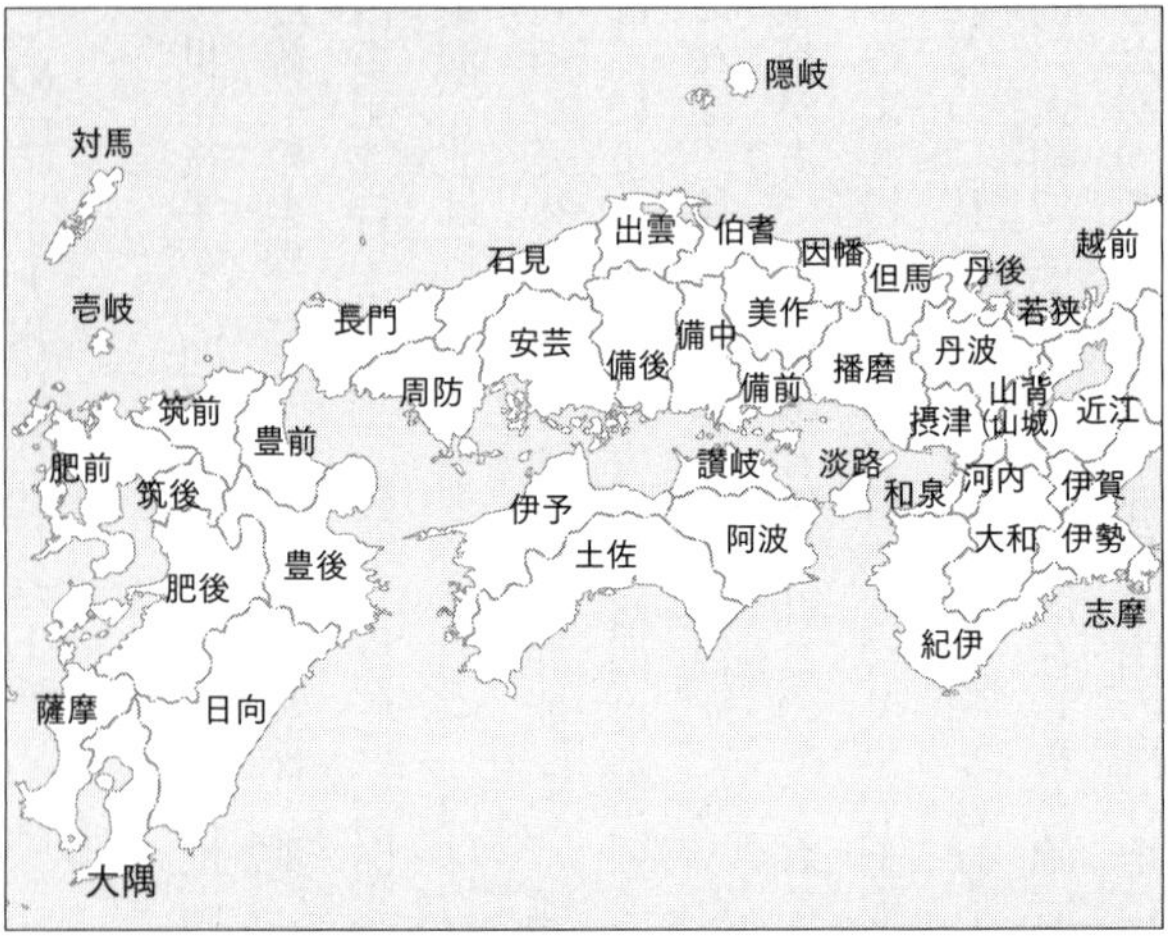

なる。九州は、卑弥呼が共立された二世紀末頃から四世紀半ばまで、ヤマト王権とは別の王権が支配する地域だったのである。

　では、この王権とはいかなるものだったのか。議論の前提となるのが、当時そのような政治的まとまりが、列島の各地に存在していたことである。纏向を王都として、畿内周辺に支配を広げていたヤマト王権、出雲を中心として四隅突出型墳丘墓《よすみとつしゅつがたふんきゅうぼ》を造営した出雲勢力などが、文献からうかがえるが、それ以外は実態がつかめない。九州王権の検討は、ヤマト王権による列島統一前夜の、これらの地域王権研究のケースワークとしても重要なのである。

なお一言しておきたいのは、古田武彦《ふるたたけひこ》氏（元・昭和薬科大学教授、故人。著書に『「邪馬台国」はなかった』など）の九州王朝説と私説との違いである。古田氏は、邪馬台国（氏の主張では邪馬壹国《やまいちこく》）が九州にあったことと、『三国志《さんごくし》』の『魏書《ぎしょ》』東夷伝倭人条《とういでんわじんのじょう》（以下、『魏志《ぎし》』倭人伝《わじんでん》）以降の中国史書にみえる倭には連続性が認められることを主な根拠として、九州を領土とする王朝が弥生《やよい》時代初期から七世紀末まで存在したとする。

しかし、中国・朝鮮の史料にみえる倭がすべて九州王朝を指すというのは、無理があるのではないか。私は「広開土王碑《こうかいどおうひ》」にみえる倭や、いわゆる倭の五王（讃《さん》・珍《ちん》・済《せい》・興《こう》・武《ぶ》）はヤマト王権を指すと考えている。中国史書の倭に連続性が感じられるのは一時、倭との通交が途絶したことなどから、中国史書の編者がそのように解釈した結果だと思う。

本書は、ヤマト王権に支配されるまで九州に存在した王権、すなわち「九州王権」の実態に、おもに文献上から迫るこころみである。まずは『魏志』倭人伝の記述をもとに、邪馬台国の比定地からみていこう。

二〇二一年二月

若井敏明《わかいとしあき》

目次

第二章 九州王権の誕生

第三章 統治機構

第四章　対外関係

第五章　祭祀と神話

第六章　ヤマト王権の侵攻と九州王権の滅亡

第七章　その後の九州勢力

[写真出所]
壱岐市教育委員会／5、7
糸島市立伊都国歴史博物館／2
著者／1、4、9
Public Domain／3、6、8、10

[図表作成]
篠 宏行

第一章

邪馬台国と連合国家

『魏志』倭人伝にみる倭国

九州王権について、現在もっとも詳細な情報を伝えてくれているのは、『魏志』倭人伝であろう。そこで、まず『魏志』倭人伝が描いている三世紀前半の九州はいかなる状況だったかを考えてみたい。

『魏志』倭人伝は倭国を知るための基本史料だが、倭国が魏に使者を派遣していたのは二三九年が最初で、その最後ははっきりしないが、魏は二六五年には滅ぶから、せいぜい三〇年にも満たない間の情報にかぎられている。したがって、同書に書かれているような状況がいつからはじまり、いつまで続くのかはわからない点が多く、考古学的知見などから補わざるをえない。たとえば、三世紀前半を含んで遺跡が継続していれば、少なくともその間は、同書に描かれている状況だったと判断できるわけである。

倭の地理について、『魏志』倭人伝では、

> 倭《わ》の地を参問《さんもん》するに、海中洲島《しゅうとう》の上に絶在《ぜつざい》し、或《ある》いは絶《た》え或いは連《つら》なり、周旋《しゅうせん》五千余里ばかりなり。

と記して、周囲五〇〇〇里（約二万キロメートル）の海上に、国々が点在していると理解していたらしい。

　これは、同書冒頭の「山島《さんとう》に依《よ》りて国邑《こくゆう》をなす」とも符合する。つまり、倭は島々によって構成されていると考えられ、大陸と思われていたのではない。

　かつて古田武彦氏は、邪馬台国大和説（以下、大和説）が成立しない理由のひとつとして、「洲島」が九州を指していることを指摘し、津軽《つがる》海峡が認識されていないかぎり、本州ではありえないという趣旨を述べたが、傾聴すべき見解であろう。ただ、その後、この表現が中国史書に受け継がれることをもって、倭の五王段階以降の倭国もまた九州にあったという古田説には従えないことは、「はじめに」で述べたとおりである。

　『魏志』倭人伝では、邪馬台国のことと思われる「女王国《じょおうこく》」の「東、海を渡る千余里、復《ま》た国あり、皆倭種《わしゅ》なり」とも述べているのは、邪馬台国などがある島とは別に、その東方にも島があって、そこにも同じような文化を持つ人々が暮らしていると考えていたのであって、九州の東に位置する本州や四国を念頭におけば理解が容易だが、大和説ではむずかしいだろう。

なお、この記事から女王国は東に海が開けた海岸部にあったと考えることもできるが、そう厳密に考えずに、女王国の東の方向には海が広がっていると解していいと考える。

このように、『魏志』倭人伝にみえる地理観は邪馬台国九州説（以下、九州説）に有利なのであるが、それに加えて、次項にみるように、邪馬台国までの行程が一貫して南の方向に進んでいることは、里数から導き出される距離とあいまって、九州説を補強しており、いわゆる日程を除けば、邪馬台国を含む倭国は九州にあったとみるほうが理にかなっている。

私は著書『邪馬台国の滅亡』以来、一貫して述べているように、日数のみを信用してそれ以外の記載を修正する大和説には従いかねる。しかし、それだけで断定することもやはりできない。そのうえで、日本側の史料をもつきあわせれば、おのずと九州説に立たざるをえないのである。

対馬国、一支国

『魏志』倭人伝には、帯方郡《たいほうぐん》（朝鮮半島西岸中央部に置かれた魏の植民地）から邪馬台国までの行程が記されている（図2）。基本的に南へ向かって最後に邪馬台国に至るのだから、ここにみえる国々は、邪馬台国つまり女王国より以北の国々にほかならない。そこにはいかなる国があったのだろうか。

図2　邪馬台国への行程

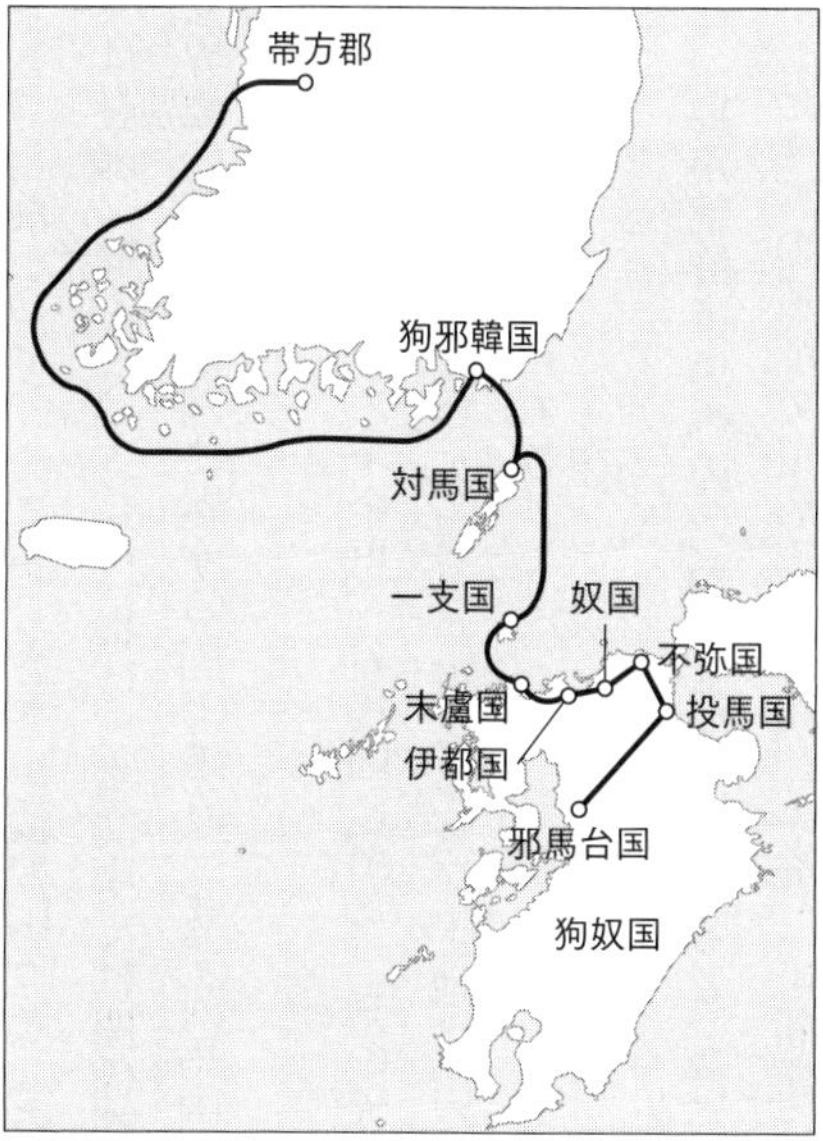

　まず、「（帯方）郡より倭に至るには、海岸に循《そ》って水行《すいこう》し、韓国《かんこく》を歴《へ》て、乍《あるい》は南《みなみ》し乍は東《ひがし》し、其《そ》の北岸狗邪韓国《くやかんこく》に到る。七千余里」とある。ここまでは朝鮮半島（韓《かん》）の範囲であって、倭国には含まれない。「狗邪《くや》」とは伽耶《かや》や加羅《から》の漢字表記と思われ、弁辰《べんしん》（弁韓《べんかん》）の一国、弁辰狗邪《べんしんくや》国に相

当する。したがって、ここからさきが倭の国々となるのである。なお、『魏志』倭人伝の全文は巻末（206〜213ページ）に掲げ、本文中では関係部分を適宜《てきぎ》引用する。

玄界灘《げんかいなだ》の島国は倭国に属する国であり、まず対馬《つしま》国がみえる。

始《はじ》めて一海《いっかい》を度《わた》る千余里、対馬国に至る。其《そ》の大官《たいかん》を卑狗《ひく》と曰《い》い、副《ふく》を卑奴母離《ひなもり》と曰う。居《お》る所《ところ》絶島、方《ほう》四百余里ばかり。土地は山険《けわ》しく、深林《しんりん》多く、道路は禽鹿《きんろく》の径《こみち》の如《ごと》し。千余戸あり。

この島が朝鮮半島へのいわば玄関口であることは、『日本書紀』に神功《じんぐう》皇后（オキナガタラシヒメ）の遠征で皇后軍が和珥津《わにつ》を発して新羅《しらぎ》に至ったとあることからもうかがえる。和珥津は対馬の鰐浦《わにうら》（現・長崎県対馬市上対馬《かみつしま》町鰐浦）とされているが、対馬最北端で、『日本書紀』神功五年三月癸卯《きぼう》条に載せる新羅の人質・微叱許智伐旱《みしこちほつかん》の帰国の逸話にある、彼がひそかに新羅に遁《のが》れた対馬の鉏海《さひのうみ》の水門《みなと》も同じ場所と考えられている。

もちろん、神功皇后の年代は『魏志』倭人伝の三世紀前半よりも一二〇年ばかりあとであるし、『日本書紀』の記事が後世の交通事情を反映している可能性も否定できないが、航路では大きな変化はないとみていいのではないか。

現在、対馬国の中心は、遺跡の分布などから西海岸の三根湾《みねわん》一帯と考えられているので、鰐浦に上陸したあと、陸路で三根湾付近に移動したのかもしれないが、『魏志』倭人伝の記載だけではなんともいえない。とはいえ『日本書紀』を参考にすれば、朝鮮半島への帰路には、鰐浦から出航した可能性は高いであろう。なお『魏志』倭人伝に記される「大官《たいかん》」「官《かん》」とはおそらく現地の首長を指し、「副《ふく》」とはおそらく女王からの派遣官を指していると思われるが、これらについては次章で詳述する。

次に一支《いき》（壱岐）国である。

又《また》南一海を渡る千余里、名づけて瀚海《かんかい》と曰《い》う。一大（支）国に至る。官《かん》を亦《また》、卑狗《ひく》と曰い、副を卑奴母離《ひなもり》と曰う。方三百里ばかり。竹木《ちくぼく》・叢林《そうりん》多く、三千許《ばか》りの家あり。

近年、一支国について考古学上の発見があった。島内最大の平野・深江田原《ふかえたばる》に東西三五〇メートル、南北七五〇メートルで広がる原《はる》の辻《つじ》遺跡（長崎県壱岐《いき》市、写真1）である。

対馬国が「良田《りょうでん》無く、海物《かいぶつ》を食《しょく》して自活し、船に乗りて南北に市糴《してき》す」、一支国が「差々《やや》田地あり、田を耕《たがや》せども、なお食するに足らず、亦《また》南北に市糴す」とあるように、この二国は農業生産力が低く、食物を交易で入手していたらしい。原の辻遺跡では、内海《うちめ》湾《わん》に続く船着き場の遺構も発見されており、この記述を裏づけている。

末盧国

いよいよ九州本土にたどり着くこととなるが、九州島は、①福岡平野を中心とした玄界灘沿岸地域、②筑後《ちくご》平野を中心とした有明海《ありあけかい》沿岸地域、③豊前《ぶぜん》の中津《なかつ》を中心とする周防灘《すおうなだ》沿岸地域、④宮崎平野の日向《ひゅうが》地域、⑤人吉《ひとよし》盆地や熊本平野地域、の五つの地域に分けて考えるのが、『魏志』倭人伝の描く三世紀の倭国の状況を考えるうえで有効である。

この最初が末盧《まつら》国で、『魏志』倭人伝には「又一海を渡る千余里、末盧国に至る。四千余戸あり」とみえる。

末盧国は、その発音から松浦《まつら》に相当することにまちがいはないが、佐賀県北西部の東《ひがし》

写真1　原《はる》の辻《つじ》遺跡

弥生時代前期から古墳時代初期にかけての環濠《かんごう》集落。一支国の国《こく》都《と》と比定されている

松浦《まつうら》半島とみるか、同県唐津《からつ》市付近とみるかで説が分かれている。私は、弥生時代初期からの遺跡が分布している唐津湾周辺がふさわしいように思う。

この国だけ『魏志』倭人伝に官や副の記載がないため、伊都《いと》国の支配下にあったとする見解もあるが、たんなる書き落としの可能性もあるので、あまり深読みはすべきでないだろう。王墓としては桜《さくらの》馬場《ばば》遺跡（佐賀県唐津市）が有力であり、集落としては唐津平野の奥に位置する千々賀《ちちか》遺跡（同）が考えられるという。

『魏志』倭人伝は「山海《さんかい》に浜《そ》いて居《お》る。草木茂盛《もせい》し、行《い》くに前人《ぜんじん》を見ず。好んで魚鰒《ぎよふく》を捕《とら》え、水深《しん》浅《せん》と無く、皆《みな》沈没してこれを取る」と記しているが、そのありさまはその後もあまり変わらなかったらしい。

奈良時代に編纂《へんさん》された『肥前国風土記《ひぜんのくにふどき》』によれば、松浦半島に位置する逢鹿駅《おうかのえき》の東の海や、登望駅《とものえき》の東西の海には、鮑《あわび》・螺《にし》・鯛《たい》・海藻《め》・海松《みる》などがあったとみえ、また唐津湾内にあったと思われる大家嶋《おおやしま》の周縁の海にも、同様の海産物の記載があるので、末盧国の人々が採取していたのも、このような海の幸だったのであろう。

なお、同書には、松浦郡衙《ぐんが》の西北の賀周里《かすのさと》に「土蜘蛛《つちぐも》（ヤマト王権に服属していない地方の豪族に対する蔑称）」の海松橿媛《みるかしひめ》がいて、景行天皇が遣《つか》わした大屋田子《おおやたこ》に滅ぼされたという。同書では大屋田子は日下部《くさかべ》君の祖とみえるが、日下部は仁徳《にんとく》天皇の子・大日下皇子《おおくさかのみこ》の部民《べのたみ(べみん)》と思われ、この地に部が設定されたのも仁徳朝の頃とみられるので、大屋田子の年代は景行天皇の時代よりは下ると思われる。したがって、この地域は後章で述べる景行天皇の遠征対象にはなっていないとみるのがいいであろう。

なお、四月にこの地域の女性が釣り針で鮎《あゆ》を釣る習俗は、皇后が玉嶋河《たましまがわ》で釣り針に飯粒をつけて鮎を釣ったことにはじまるという。いずれも漁撈《ぎょろう》にかかわる伝えに富んでいることが注目される。

「草木茂盛し、行くに前人を見ず」との記載は、道路状況がよくないことも示しており、むしろ沿岸航路が重要な交通手段であったのかもしれないが、『魏志』倭人伝では陸路を進み、さらに「東南、陸行《りくこう》五百里」で伊都国に至る。

伊都国、奴国、不弥国

『魏志』倭人伝は伊都国について次のように記し、王の存在や帯方郡の使節が常駐するなど、重要な国だったことをしのばせる。

官を爾支《にき》と曰《い》い、副を泄謨觚《せもこ》・柄渠觚《へここ》と曰う。千余戸あり。世々《よよ》王あるも、皆女王国《じょおうこく》に統属す。郡使《ぐんし》の往来常《つね》に駐《とど》まる所なり。

伊都国は奈良時代には「怡土《いと》」と呼ばれた地域（現・福岡県糸島《いとしま》市）で、弥生時代の遺跡も少なくない。王墓としては、江戸時代に発見された井原鑓溝《いはらやりみぞ》遺跡（同市）が知られているが、地元の学者・青柳種信《あおやぎたねのぶ》による記録があるものの、具体的な所在地は今となっては

写真2　鉄製《てつせい》素環頭《そかんとう》大刀《たち》と内行《ないこう》花《か》文鏡《もんきょう》

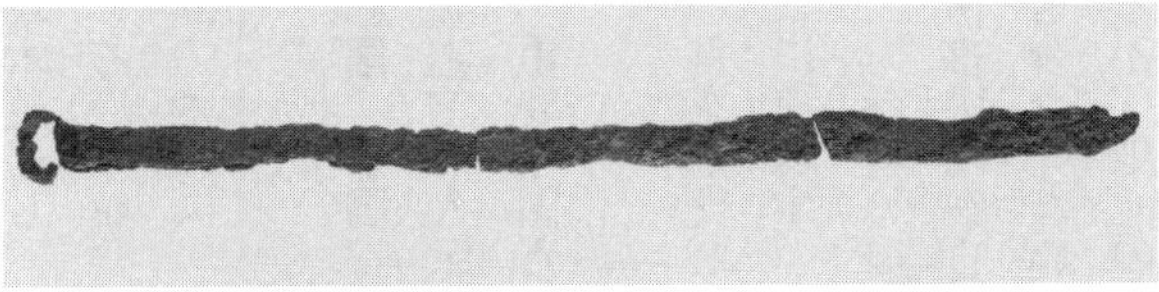

被葬者の横に置かれていた80.6cmの刀（上）と、弥生・古墳時代では日本最大の鏡（左）。いずれも、平原遺跡（弥生時代後期から晩期）より出土（国［文化庁］所有）

わからなくなっているという。

また、平原《ひらばる》遺跡（同市）の方形周《ほうけいしゅう》溝墓《こうぼ》からは、刀や四〇面の鏡が出土し、なかには四六・五センチメートルの大型の内行花文鏡《ないこうかもんきょう》もあって（写真2）、卑弥呼の墓と考える人もいる。少なくとも、大きな力を持った王が存在したことは確かであろう。

注目すべきは、『魏志』倭人伝の行程記事で、具体的な地誌を記しているのは伊都国までで、同書が参考とした資料を記した者は伊都国までしか行っていない可能性があることだ。なお、伊都国については後章でも触《ふ》れる。

次に、奴《な》国である。

東南、奴国に至る。百里。官を兕馬觚《しまこ》と曰い、副を卑奴母離《ひなもり》と曰う。二万余戸あり。

奴国は後世には儺《な》と呼ばれた地域で、現在の博多湾《はかたわん》沿岸である。五七年に後漢《ごかん》の光武帝《こうぶてい》から金印「漢委奴国王」を賜《たまわ》っており（第二章で詳述）、文献上からも一世紀半ばには大きな勢力を有していたことが判明している。

ここもまた弥生遺跡の宝庫で、特に須玖《すぐ》岡本《おかもと》遺跡（福岡県春日《かすが》市）は鏡（写真3）三〇面ほどを出土し、奴国の王都、王墓ではないかといわれているが、『魏志』倭人伝の時代よりは古いようである。

写真3 夔鳳鏡《きほうきょう》

須玖岡本《すぐおかもと》遺跡（弥生時代中期から後期）出土と伝えられる前漢《ぜんかん》時代の鏡（東京国立博物館蔵）

奴国までは場所の比定がほとんど動かないが、次の不弥《ふみ》国から場所があやしくなってくる。

東行《とうこう》、不弥国に至る。百里。官を多模《たも》と曰《い》い、副を卑奴母離《ひなもり》と曰う。千余家あり。

不弥国の位置については定説がなく、墳丘墓の分布する糟屋《かすや》・宇美《うみ》説（福岡県糟屋郡宇美町）、立岩《たていわ》遺跡のある立岩説（同県飯塚《いいづか》市）、海神《かいじん》を祀《まつ》る志賀島《しかのしま》説（同県福岡市）、宗像《むなかた》説（同県福津《ふくつ》市・宗像市）などがある。ということは、遺跡からこの国の消長を考察することはむずかしい。私は内陸の宇美や立岩ではなく、宗像が有力と考えているが、そうだとすれば、玄界灘沿岸ということになる。

投馬国

不弥国まではまず大きな誤差はなく、いずれも北部九州の玄界灘沿岸に含まれるが、問題となるのが、次の投馬《とうま》国である。『魏志』倭人伝には「南、投馬国に至る。水行二十日」

とあって、普通は不弥国の南にあったと考えられている。

私は著書『邪馬台国の滅亡』において、投馬国の位置を豊前地域ではないかと記した。あるいはそうかもしれないが、その後、田中卓《たなかたかし》氏（皇學館大学名誉教授、故人。著書に『海に書かれた邪馬台国』など）の提唱する値賀島《ちかのしま》（現・長崎県の五島《ごとう》列島の小値賀島《おぢかじま》）である可能性にも触れた。

いずれも根拠はさほど確かなものでもないのだが、豊前の場合は、『日本書紀』の景行天皇の遠征記事に、御木《みけ》の川上（現・山国川《やまくにがわ》上流）に耳垂《みみたり》という土蜘蛛がいるとあり、値賀島の場合も、『肥前国風土記』に、大耳《おおみみ》と垂耳《たりみみ》という土蜘蛛の名がみえて、『魏志』倭人伝の伝える「官を弥弥《みみ》と曰《い》い、副を弥弥那利《みみなり》と曰う」という投馬国の官名と通じるところがあるのが気になる。

このように、投馬国を不弥国の次に位置するとすれば豊前説、それまでの行程とは別の情報にもとづくとすれば、五島列島説も有力になるように思われる。

大和説の論者には、投馬国の位置を大和に至る途中の瀬戸内海《せとないかい》沿岸や日本海沿岸に求める説もあって、もはや考古学での考察は不可能である。ちなみに、比定地不明の国々を考古学から見つけることは、国名がわかる出土品でもないかぎりむずかしいと私は考えている。九州東岸や瀬戸内海、日本海地域には、弥生の遺跡は多くあるだろうが、そこから投馬国を見つけることは無理だというわけである。このことは、次の邪馬台国の位置についてもあてはまる。

邪馬台国の比定地

『魏志』倭人伝は、邪馬台国の位置を次のように記載している。

> 南、邪馬《やま》壹（臺《たい》）国《こく》に至る。女王の都《みやこ》する所。水行《すいこう》十日、陸行《りくこう》一月。官に伊支馬《いきま》あり、次を弥馬升《やましよう》と曰い、次を弥馬獲支《やまかし》と曰い、次を奴佳鞮《なかて》と曰う。七万余戸ばかり。

『魏志』倭人伝は「邪馬壹国《やまいちこく》」と記すが、それを引用する諸書に「臺」とあるので、「壹」は「臺」の誤写と考えられ、本書では邪馬台国と記す。「台」は「臺」の略字である。

問題は、それまで里数をもって表示していた距離を、投馬国と邪馬台国については日数で表示していることだ。これは、投馬国と次の邪馬台国については系統の違う資料にもとづいている可能性があることを示している。

その場合、投馬国と邪馬台国の行程情報全体がそれまでと系統を異《こと》にする資料によるものとみるか、それまでたどってきた国々や方角は共通した資料によるが、距離表示のみ別系統とみるかで解釈が変わってくる。前者とすれば、投馬国へ向かう起点は不弥国ではないとも考えられ、ますます混迷する。

そうなれば、ここで明らかなのは、邪馬台国が投馬国の南にあるということだけである。この方位だけでも大和説の成立する可能性は低く、邪馬台国は、有明海沿岸地域に想定することができると私は考える。

『魏志』倭人伝は、「郡より女王国に至る万二千余里」とも記しているが、ここの里数が邪馬台国までの距離と解されることは、「其《そ》の大倭王《だいわおう》は邪馬台国に居す。楽浪郡《らくろうぐん》（朝鮮半島北部に置かれた漢の植民地。第四章で詳述）の儌《きょう》（境）は其の国を去る万二千里」という『後漢書《ごかんじょ》』東夷伝《とういでん》の記事からもいうことができる。「其の国」とは、邪馬台国を指すとみられるからである。

　したがって、投馬国の位置とかかわりなく、明治時代の白鳥庫吉《しらとりくらきち》氏（元・東京帝国大学教授、故人。著書に『倭女王卑弥呼考』など）以来主張されているように、帯方郡から女王国つまり邪馬台国までの総里数一万二〇〇〇里から、帯方郡から不弥国までの一万七〇〇余里を引いた一三〇〇里を、不弥国から邪馬台国までの里数とするのは有効なのである。

　ただし、不弥国は場所がはっきりしないので、博多湾岸であることは確かな奴国からの一四〇〇里を基準とするほうがいいと思うが、末盧国から奴国が六〇〇里であるから、その二倍強ではとても大和まではたどりつけまい。

「はじめに」で述べた、ヤマト王権の九州進出の経過からみても、大和説は成り立たないであろう。そうすると必然的に九州説を支持することとなる。地名の一致から、筑後の山《やま》門《と》地方（現・福岡県みやま市あたり）がその場所だと考えられる。ただ残念ながら、この地域は考古学上の情報が多くない。しかし、組織的調査などが進展しないかぎり、そのことをもって邪馬台国の候補地から外《はず》すことはできないだろう。

卑弥呼の宮室

『魏志』倭人伝によれば、卑弥呼の居所は「居処《きょしょ》・宮室《きゅうしつ》・楼観《ろうかん》・城柵《じょうさく》、厳《おごそ》かに設け、常《つね》に人あり、兵《へい》を持《じ》して守衛す」とあるので、城柵に囲まれ、物見櫓《ものみやぐら》と思われる楼観がいくつか設けられている居処や宮室にこもっていたイメージである。

この文章からは、城郭都市や城柵集落ではなく、宮殿がそのような形状であったようにみえるので、一般の集落とは隔絶した高台に設けられたと考えられ、これにふさわしい遺構が発見されることが期待される。ただし、ヤマト王権侵攻の折に破壊された可能性もあり、どのようなかたちでふたたび地上にその姿をあらわすか、予想もつかない。

いずれにしても、邪馬台国は玄界灘沿岸ではなく、有明海沿岸の筑後平野に位置していたことは動くまい。

なお、大和説の支持者のなかには、邪馬台国の戸数「七万余戸」をもって、当時それほどの人口を擁《よう》したのは、奈良盆地しかありえないと説く向きもある。この考えに似たものとして、当時の日本列島でもっとも進んでいた地域に、邪馬台国を求めるべきだとする考えもある。

確かに、戸数七万は倭国の国々のなかで傑出しており、この数字が実態に即したものかどうかについては疑わしい点もあるが、邪馬台国が多くの人口を有すると考えられていたことは確かだろう。しかし、それはあくまで倭国の範囲内のことであって、当時の日本列島全体とするのは理屈にあわない。

たとえば、現在、九州にかぎれば最大の都市は福岡市であろうが、その範囲を西日本に広げれば大阪市となるし、日本全体なら東京都区部となる。当時の魏《ぎ》王朝が認識していた倭国の範囲が日本列島全体、少なくとも西日本一帯であることが論証されないかぎり、邪馬台国はその時代でもっとも人口の多かった場所に求めるべきだという議論は成り立たないだろう。

その他の国々

次に問題となるのが、邪馬台国周辺の諸国の位置である。『魏志』倭人伝には、「女王国より以北、其《そ》の戸数道里《こすうどうり》は略《ほぼ》載《の》し得るべきも、其の余《よ》の旁国《ぼうこく》は遠絶《えんぜつ》にして詳《つまびら》かにし得るべからず」と記したあとに、次のような国名が列挙されている。

次に斯馬《しま》国あり、次に已百支《いほき》国あり、次に伊邪《いや》国あり、次に都支《つき》国あり、次に弥奴《みな》国あり、次に好古都《ここつ》国あり、次に不呼《ふこ》国あり、次に姐奴《さな》国あり、次に対蘇《たいそ》国あり、次に蘇奴《そな》国あり、次に呼邑《こお》国あり、次に華奴蘇奴《かなそな》国あり、次に鬼《き》国あり、次に為吾《いが》国あり、次に鬼奴《きな》国あり、次に邪馬《やま》国あり、次に躬臣《くし》国あり、次に巴利《はり》国あり、次に支惟《きい》国あり、次に烏奴《うな》国あり、次に奴《な》国あり、これ女王の境界の尽くる所。

これらの国々は比定地はおろか、読み方も定説はない。最後の奴国は、なんらかの脱字とも想定できるが、『後漢書』東夷伝が倭の奴国を「倭国の極南界《きょくなんかい》」としているのは（次章で後述）、『魏志』倭人伝の記載にもとづいていると思われるから、『後漢書』編纂の頃には、すでにこのような表記であったことになる。

これらの国々が文字どおり「女王国より以北」ではなく、遠絶の地にあったかははっきりしない。たとえば斯馬国などは当時、伊都国の対岸に相当する筑前《ちくぜん》国嶋郡《しまぐん》（現・福岡県北西部の糸島半島）である可能性が高い。また、弥奴国は、吉野《よしの》ヶ里《り》遺跡が発見された肥《ひ》前《ぜん》国神埼《かんざき》・三根《みね》郡（現・佐賀県神埼市）であった可能性もある。

さらに、豊前から豊後《ぶんご》にかけては、のちに景行天皇が遠征した際に諸勢力が分立していたようで、それらもかつては卑弥呼のもとにあった諸国かもしれない。『日本書紀』によれば、豊前では、景行天皇に服属した神夏磯媛《かみなつそひめ》と、彼女と対立していたらしい宇佐川《うさがわ》の鼻《はな》垂《たり》、御木川《みけがわ》の耳垂《みみたり》、高羽川《たかはがわ》の麻剥《あさはぎ》、緑野川《みどりのがわ》の土折猪折《つちおりいおり》の四人の「賊」がおり、豊後では、碩田《おおきた》（大分）国速見邑《はやみむら》の速津媛《はやつひめ》、その近くの「土蜘蛛」青《あお》と白《しろ》、直入《なおり》県の禰疑野《ねぎの》の「土蜘蛛」打猨《うちさる》、八田《やた》、国摩侶《くにまろ》がみえるが、その分布は直入郡と大野《おおの》郡であったらしい。このように、豊前で五人、豊後で六人の豪族が分立し、ヤマト王権に対していることがうかがえ、卑弥呼時代の諸国の名残とみて大きな誤りはないと考える。

いずれにしても、帯方郡使にとっては十分に把握できない国々であったわけであって、多くは筑後平野とその周辺に位置していたと思われるが、確かなことは不明とせざるをえない。

『魏志』倭人伝で所在地がほぼ判明している末盧国が肥前国松浦郡、伊都国が筑前国怡土郡、奴国が筑前国那珂《なか》郡のように、のちの律令制度における郡に相当することからみて、それ以外の国々も、ほぼ郡程度の大きさであった可能性が高い。なお、平安時代には筑前国は一五郡、筑後国が一〇郡、肥前国が一一郡、豊前国と豊後国がそれぞれ八郡で、計五二郡にのぼる。

卑弥呼の時代からは五〇〇年以上の開きがあり、その間の人口増などを考えると、『魏志』倭人伝に出てくる国々がこの範囲におさまると考えても、大きなまちがいはないように思われる。つまり、前述の区分でいえば、①福岡平野を中心とした玄界灘沿岸地域、②筑後平野を中心とした有明海沿岸地域、③豊前の中津を中心とする周防灘沿岸地域となる。

なお「女王国より以北」が投馬国までの国々を指していることはいうまでもなく、同書の地理観が九州説に適している一例である。また、女王国の東に国があったとみえるので、邪馬台国は九州東海岸にあったと考えるべきだという見解もあろうが、そう厳密に考える必要はないことはすでに触れた。

狗奴国は独立国か

　これら諸国の、さらに南に位置していたのが、狗奴《くな》国である。『魏志』倭人伝には「其《そ》の南に狗奴国あり。男子を王となす。其の官に狗古智卑狗《くこちひく》あり。女王に属せず」とある。「其の南」の「其の」がどこを指すかが問題だが、直前の文章が「女王の境界の尽くる所」なので「女王の境界」、すなわち女王の支配地域のさらに南とみるべきで、邪馬台国と接していたわけではなさそうである。

　場所は現在の熊本平野あたり、地名からみて球磨《くま》地方（現・熊本県南部）と考えられるが、その王が「狗古智卑狗」つまり菊池彦《きくちひこ》なので、菊池地方におよんでいたのであろう。球磨川《くまがわ》流域から熊本平野にかけての地域を領域としていたことになるが、実態はわからない。

　邪馬台国が魏と結びついていたのに対して、狗奴国は呉《ご》と関係があったと推測する向きもあるが、想像の域を出ない。『日本書紀』景行十八年五月壬辰《じんしん》条には、九州遠征中の景行天皇が、葦北《あしきた》から船出して火《ひ》国（肥前国・肥後《ひご》国）に至ったというので、葦北が港湾として機能していたことはわかる。

この地は、その後も『日本書紀』推古《すいこ》十七年（六〇九）四月庚子《こうし》条に、百済《くだら》の僧俗八五人が葦北《あしきたの》津《つ》に停泊したとみえる。

これは、百済が中国、当時は隋《ずい》の南部に使者を派遣し、かの地が乱れているので帰国しようとして漂着したものである。したがって、ここから中国の南部との恒常的な航路の存在を想定することは無理だろうが、朝鮮半島から五島列島などを介して、九州西方海上を通って葦北などに入るルートは想定できうる。

また、狗奴国の所在地と思われる、のちの肥後国は球磨郡や菊池郡を含む一四郡で構成されており、そのなかにいくつかの小国を含む連合体であったと考えられよう。史料がないので憶測は慎むべきだが、狗奴《くな》が球磨《くま》に通じるとすれば、本来は球磨川流域を起源とするもので、勢力を北に伸ばして地域の小国家を傘下に収めていったのかもしれない。そして、そのなかの菊池地方の王・狗古智卑狗つまりキクチヒコが実権を握って、狗奴国連合の統率者となったのではなかろうか。

このように考えると、倭国つまり邪馬台国連合内に玄界灘沿岸諸国と有明海沿岸諸国という地域差が想定されるように、狗奴国内部にも、北部の菊池周辺の国々と発祥地の球磨川流域の国々の間に地域差があったのかもしれないが、これ以上はなんともいえない。

こうして、三世紀前半頃、邪馬台国を王都とする政治的まとまりが、筑前・筑後・肥前・豊前・豊後にかけての北部九州に存在していたことが判明する。この地域を支配してきた倭王・卑弥呼に代表される王権を「九州王権」と呼ぶことにしたい。次章では、この九州王権の成立過程をみていこう。

第二章

九州王権の誕生

金印の発見と謎

のちに卑弥呼が王として擁立される倭国というまとまりが、いつできたかははっきりしない。ただ、西暦五七年に奴国が後漢へ朝貢しており、これが倭の奴国と解釈できるかぎり、この時期には倭国という政治的まとまり、つまり九州王権は未成立だったと思われる。

『漢書《かんじよ》』地理志《ちりし》で「百余国」と記されているように、もともと倭の地域には小国家が分立していた。『漢書』地理志ではその国名まではわからないが、はじめてその具体的な国名が明らかとなるのが奴国である。それは『後漢書』東夷伝に、

建武《けんむ》中元《ちゆうげん》二年（五七）、倭の奴国、奉貢朝《ほうこうちよう》賀《が》す。使人《しじん》自ら大夫《たいふ》と称す。倭国の極南《きよくなん》界《かい》なり。光武《こうぶ》、賜《たま》うに印綬《いんじゆ》を以《もつ》てす。

と記されるように、後漢の都《みやこ》・洛陽《らくよう》まで使者を送り、光武帝から印と綬《くみひも》を賜った。

このときの印「漢委奴国王」が金印であることは、唐の張楚金《ちようそきん》が顕慶《けんけい》五年（六六〇）

に編纂した『翰苑《かんえん》』に「中元《ちゅうげん》之際《さい》、紫綬《しじゅ》之栄《えい》」とあって、紫綬と組み合わさるのが金印であることから明らかである。金印は江戸時代の天明《てんめい》四年（一七八四）、福岡県の志賀島《しかのしま》で偶然に発見された。発見の次第は、発見者・甚兵衛《じんべえ》による次の口上書が残されている。

那珂郡《なかぐん》志賀島村百姓甚兵衛《じんべえ》申上る口上《こうじょう》之《の》覚《おぼえ》

私抱《わたくしかかえの》田地、叶《かのう》の崎《さき》と申所《もうすところ》、田境《たざかい》之中《なか》、溝水行悪敷《みぞのみずいきあしく》御座《ござ》候《そうろう》に付《つき》、先月二十三日、右之溝《みぞ》、形を仕直《しなお》し可申迚《もうすべしとて》、岸《きし》を切落し居申候処《おりもうしそうろうところ》、小《ちいさ》さき石段々出候内《だんだんいでそうろううち》、二人持程《ふたりもちほど》の石有之《これあり》、かな手子《てこ》にて掘《ほ》り除《よ》け申候処《もうしそうろうところ》、石の間に光り候者有之《ものこれある》に付取《つきとり》上《あげ》、水にてすすき上《あげ》、見申候処《みもうしそうろうところ》、金の印刻《いんこく》の様成物《ようなるもの》に而《て》御座《ござ》候《そうろう》。（略）

志賀島村百姓　甚兵衛

天明四年（一七八四）三月十六日

津田源次郎様

御役所

（略）

金印発見の詳細については異説もあるが、これが本物つまり真印であることは、大谷光《おおたにみつ》男《お》氏（二松学舎大学名誉教授。著書に『邪馬台国時代』など）の『研究史 金印』などによってほぼまちがいがない。

その後、奴国は三世紀になっても存続し、『魏志』倭人伝にもその名があるのは第一章でみたとおりだ。さらに下って奈良時代にも、現在の福岡県・博多周辺の地名として残っている。

志賀島は博多湾上の島であって、奴国王が賜った金印の出土地としては不自然ではないが、金印がなぜそこに、またいかなる理由で埋納《まいのう》されたかは不明な点が多い。普通に考えれば、王墓に副葬されたとみるのが妥当だろうが、金印の発見場所では、金印以外のものは見つかっていないようで、墓とはみなしにくい。

口上書によれば、石で囲った上に二人がかりで持ち上げるくらいの大きさの石で蓋《ふた》をしたなかに金印だけが収められていたらしい。奴国で金印がどのように使用されていたかが判明しないから、埋納の理由については確実なことはいえない。

もともと、印は文書の封に用いるが、『後漢書』東夷伝では、奴国が後漢に朝貢したのは五七年の一回きりのようなので、本来の用途で使用されたとは思われない。祭祀の対象となっていたとも思われるが、確証はない。想像はいくらでもいえるが、今はつつしんでおくこととしたい。

奴国か、倭奴国か

後漢に朝貢し、光武帝から金印を賜った国が倭の奴国であることは、さきにみた『後漢書』東夷伝に「倭国の極南界《きょくなんかい》なり」とあり、倭国の一部と認識していることでも明らかである。同書は、『魏志』倭人伝に「其《そ》の余《よ》の傍国《ぼうこく》」を記した最後にみえる「奴国」と考えていたからである。

したがって、これを「倭奴国」という国名とする解釈には従えない。奴国は倭のなかの一国であって、倭全体を統括するものではなかったと思われる。

紀元前一世紀頃の百余国（『漢書』地理志）が、三世紀前半には三〇国（『魏志』倭人伝）になっているから、倭では次第に小国家がまとまっていく傾向があったらしく、一世紀頃は数十国は存在していたと思われる。奴国は、そのなかのおそらく最有力の国だったのであろう。このことは、博多周辺の遺跡からもいえよう。

このように、五七年に朝貢した奴国は、まだ倭のなかの一国にすぎなかったが、やがてより広範囲に支配したと思われる倭国王が登場することとなる。

倭国王の出現

『後漢書』東夷伝によれば、安帝《あんてい》の永初《えいしょ》元年（一〇七）に「倭国王帥升《すいしょう》等、生口《せいこう》百六十人を献じ、請見《せいけん》を願う」という。ここにはじめて倭国の王があらわれたわけである。なお、「生口」とは奴隷と思われる。

ただ、この帥升もまた倭の一国の王にすぎないという考えもある。それは倭国の表記が書物によって異なることを根拠にしている。

『翰苑』には「後漢書に曰《いわ》く、安帝永初元年、倭面上国王師升《ママ》ありて至る」、『通典《つてん》』には「安帝永初元年、倭面土国王師升《ママ》等、生口を献ず」、『唐類函《とうるいかん》』には「安帝永初元年、倭国土地王師升《ママ》等、生口を献ず」と記されている。日本の文献でも、一条兼良《いちじょうかねら》の『日本書紀《にほんしょき》』

纂疏《さんそ》』には「東漢書（『後漢書』のこと）ニ曰《いわ》ク、安帝ノ永初元年倭面上国王師《ママ》升等生口百六十人ヲ献ス」、卜部兼方《うらべかねかた》の『釈日本紀《しゃくにほんぎ》』には「後漢書ニ云《い》ウ、孝安皇帝永初元年冬十月倭面国使《つかい》ヲ遣《つかわ》シテ奉献ス」と書かれている。

『翰苑』『日本書紀纂疏』『釈日本紀』の記事からみて、『後漢書』東夷伝の写本のなかには、「倭面上国」「倭面国」と書くものがあったらしい。また、『通典』『唐類函』も『後漢書』東夷伝が出典であろうから、「倭面土国」「倭国土地」も写本にあった書き方ということになる。そのなかでも、『通典』の「倭面土国」がオリジナルと考えられてきた。つまり帥升は、倭のなかにある面土国の王というわけである。

ただし、西嶋定生《にしじまさだお》氏（東京大学名誉教授、故人。著書に『倭国の出現』など）は『翰苑』『日本書紀纂疏』『釈日本紀』が『後漢書』東夷伝を正確に引用していることを疑い、「倭面土国」に派生する国名が『後漢書』東夷伝に書かれていたとはいえないとして、『後漢書』東夷伝にはあくまで「倭国」とあって、『通典』が記す「倭面土国」は、七世紀前半に唐で使われた「ヤマト」の漢字表記であるという説を唱えた。

はたして、「倭面土国」が『後漢書』東夷伝の写本になかったと言い切れるかはわからないが、私は「倭国王国王」の誤写ではないかと考えている。つまり、「国」を「面」、「王」を「上」「土」などとまちがえて記し、さらに「国王」を重複して書いてしまったのである。このように考えれば、もともと『後漢書』東夷伝には「倭国王」とあったのではないか。

この倭国王とは、倭の奴国のような倭のなかの一国の王ではなく、おそらく数十国を統率する王を意味しているのであろう。ここに、倭国という国と、そこを統治する王権が成立していることがうかがえるのである。

この王がどこを王都としていたかは、「面土」などの記載が誤写だとすれば不明といわざるをえないが、考古学の知見からすると、後漢の鏡を大量に副葬している「王墓」が見つかっている伊都国の地がふさわしいといえる。

なお、永初の後漢への朝貢については、おそらく倭国王帥升みずからが使者とともに中国におもむいたのであろう。

以上からみて、倭国というまとまりは早ければ一世紀後半、遅くとも二世紀はじめには成立していたこととなる。このまとまりの統率者が「倭国王」または「倭王」と呼ばれたのである。倭奴国を「倭の奴国」とすると、五七年から一〇七年の間に倭国が成立したわけだが、その背景にどのような事情があったかは文献からはよくわからない。

倭国の大乱

一世紀末から二世紀初頭に成立した倭国は七〇～八〇年間は男王を戴《いただ》いたようだが、その地位は安定したものではなかったらしい。それをうかがわせるのが、いわゆる倭国の乱ないし大乱である。『魏志』倭人伝には、

　其《そ》の国、本亦《もとまた》男子を以《もつ》て王となし、住《とど》まること七、八十年。倭国乱れ、相《あい》攻伐すること歴年《れきねん》、乃《すなわ》ち共に一女子を立てて王となす。名づけて卑弥呼《ひみこ》と曰《い》う。

と記されている。

『後漢書』東夷伝によれば、後漢の桓帝《かんてい》・霊帝《れいてい》の間（一四六～一八九年）に倭国は大いに乱れ、卑弥呼を共立することでおさまったという。この時期については、『梁書《りょうしょ》』諸夷伝《しょいでん》

に「漢霊帝光和《こうわ》中、倭国乱」とあるが、そこまで限定できるかはわからない。
いずれにしても倭国は、大乱以前は男王によって統治されていたのは確かであり、その統治権力はさほど強固なものではなかった。そのため、帥升とおそらくその後も男王でまとまっていた倭国に内乱がおこることとなるのであろう。

その要因についても、いろいろ憶測はできようが、確かなことはわからないとしかいえない。ただ、最後は卑弥呼の共立で解決しているから、倭国王の王位をめぐる争いだったように思われる。

この倭国の乱の範囲については、瀬戸内海地域に二世紀後半頃の高地性集落の遺跡があることを根拠に、北九州から畿内・山陰、瀬戸内海沿岸にもおよぶという説が有力である。

また、二世紀後半よりはじまった地球規模の寒冷化の影響を受けた飢饉《ききん》が原因だとする説もある。根拠としては、『三国史記《さんごくしき》』新羅本紀《しらぎほんぎ》に「十年（一九三）六月、倭人大《おお》いに饑《う》う。来《きた》りて食《しょく》を求むる者、千余人」と記されており、日本から朝鮮半島へ一〇〇〇人余りが渡ったとされるが、倭国の乱とは時期がややずれる。

私は、倭国の範囲が九州にかぎられることからみて、倭国の大乱も九州での出来事と考える。あるいは、当時日本列島で広範囲に戦乱があったとしても、それはただちに『魏志』倭人伝や『後漢書』東夷伝のいう倭国の乱と同一視はできないと思う。

この頃、日本列島で戦闘がおそらく頻繁《ひんぱん》におこっていたことは、『記紀』にみえるヤマト王権のかかわった戦闘をみても想像がつく。『記紀』が伝える戦闘も、『魏志』倭人伝にみえる争乱も、弥生時代から古墳時代にかけて日本列島の住民を巻き込んでいた戦乱の一部であり、それらの記述から、その全貌を知ることは無理ではないかと、私は考えている。

この乱のなかから卑弥呼が共立されて倭国の王となるわけだが、その経緯については、さきに引用した『魏志』倭人伝でおおよそはわかる。ただ『魏志』倭人伝では、卑弥呼が王となった時期については記していないが、『後漢書』東夷伝は、「桓・霊の間」とし、『梁書』諸夷伝はさらに時期を限定して、「漢の霊帝の光和《こうわ》中、倭国乱れ、相《あい》攻伐すること歴年。共に一女子を立てて王となす」という。

光和は一七八～一八四年にあたるが、いかなる根拠があるのかは、はっきりしない。いずれにしても、二世紀後半頃であったらしい。仮に一八〇年頃とすれば、卑弥呼が魏に朝貢した二三九年の六〇年前ということになる。王位についたとき、卑弥呼がまだ少女であったことは、ここから明らかであって、このことは彼女がそれ以前に邪馬台国の王でなかったことをも示していると思われる。

卑弥呼の都《みやこ》が邪馬台国だが、共立されたときから、卑弥呼が邪馬台国を王都としていたとも言い切れない。『後漢書』東夷伝は大倭王《だいわおう》が邪馬台国を都としていたというから、それが後漢の時代のこととすれば、男王の時代から邪馬台国は倭国の都であったことになる。しかし、それは『後漢書』東夷伝が編纂された頃のヤマト王権の支配が確立したあとの日本列島を念頭に置いているかもしれないので、確言できない。

また、卑弥呼の長い治世《ちせい》の間に王都が移った可能性もあるかもしれない。さらに、これをたとえば有明海沿岸の勢力が台頭して、玄界灘沿岸の諸国を圧倒したと解釈できるかというと、それも確言できない。ただ、卑弥呼の晩年、魏と通交したときには、王都は有明海沿岸にあり、玄界灘沿岸は一大率《いちだいそつ》（次章で詳述）を置いて統治する体制になっていたことは確かである。

こうして、卑弥呼は混乱している倭国全体を治めるために王に共立されたが、それは「鬼道《きどう》に事《つか》え」という彼女の宗教的能力によるものであったことは疑問の余地がない。しかし、その宗教的能力だけで三〇近くの小国家を統制し、さらに朝鮮半島や中国の政治機関と外交関係を結ぶことはできないだろう。そこには、なんらかの統治機構があったと思われる。次章で具体的にみていきたい。

第三章

統治機構

各国を統治した「ヒナモリ」

『魏志』倭人伝からみるかぎり、九州王権すなわち倭国は、有明海沿岸にあった邪馬台国を王都としていた。玄界灘諸国はその支配下にあったと思われる。その支配の実態とはいかなるものであったのか。まずは『魏志』倭人伝から浮かび上がる形態をみてみよう。

『魏志』倭人伝に記載されている諸国の「官」をみると、海峡上の島国である対馬国と一《い》支《き》国には卑狗《ひく》（ヒク＝ヒコ）と卑奴母離《ひなもり》（ヒナモリ）が、伊都国には爾支《にき》・泄謨觚《せもこ》・柄渠《へこ》觚《こ》が、奴国には兕馬觚《しまこ》・卑奴母離が、不弥《ふみ》国には多模《たも》・卑奴母離が置かれていた。つまり、玄界灘沿岸の諸国は伊都国以外、みなヒナモリが置かれている。

いっぽう、所在地がはっきりしない投馬国には弥弥《みみ》・弥弥那利《みみなり》がいて、玄界灘沿岸の諸国とは大きく異なっている。ここから私は、投馬国は玄界灘沿岸には位置していないと推測している。

このように、玄界灘沿岸の諸国を統治したのが、諸国に共通するヒナモリであったことは容易に推察できる。すでに説もあるように、ヒナモリとは夷守《ひなもり》であって、辺境守備の任務が想定され、朝鮮半島に面する諸国に置かれているのは偶然ではなかろう。

このヒナモリは、地名として残っている。ひとつが、博多湾沿いに位置した夷守駅《ひなもりのえき》である。天平《てんぴょう》二年（七三〇）六月、大宰《だざいの》帥《そち》・大伴旅人《おおとものたびと》は脚《あし》の病《やまい》で重態となり、都《みやこ》から弟の大伴稲公《いなきみ》と甥《おい》の大伴胡麻呂《こまろ》（古麻呂か）を呼んだが、さいわい数十日で平癒《へいゆ》した。両人は都に戻ることとなり、旅人の部下、大宰大監《だざいのだいげん》・大伴百代《ももよ》と大宰少典《だざいのしょうさかん》・山口若麻呂《やまぐちのわかまろ》が旅人の子・家持《やかもち》とともに両人を送って、夷守の駅家《うまや》に至り、いささか飲みて別れを悲しんだ旨が、そのときの歌とともに『万《まん》葉集《ようしゅう》』にみえる。この駅家は筑前国糟屋郡にあり、奴国の範囲に含まれるので、奴国の卑奴母離の任地があったことによる地名であろう。

さきに糟屋の地が墳丘墓の分布などから不弥国の候補地のひとつになっていると述べたが、この地の遺跡が福岡平野に近接していることからみて、奴国のヒナモリと関連があるのかもしれない。

もうひとつが、南部九州の夷守である。『日本書紀』景行十八年三月条に、景行天皇が筑紫《つくし》国を巡狩《じゅんしゅ》して夷守に至ったという記述がある。このとき、石瀬河《いわせがわ》のほとりに人が多く集まっており、諸県君泉媛《もろがたのきみいずみひめ》という女性首長が「大御食《おおみけ》を献《たてまつ》らん」として、その一族が会同していたという。ここが、日向《ひゅうが》国諸県郡の夷守駅という駅家の所在地であり、現在の宮崎県小林《こばやし》市である。同市には夷守岳《ひなもりだけ》という山もあり、石瀬河も岩瀬川《いわせがわ》として流れている。

注目すべきは、『日本書紀』では景行天皇がここから熊県《くまのあがた》に至ったことであり、現在も国道二二一号線で人吉盆地に出ることができる。この場合は、熊地域に対する守備という意味でのヒナモリなのであろう。北部九州からはかなり離れ、また『魏志』倭人伝ではうかがうことができないが、卑弥呼を盟主とする九州王権の南の辺境、かつ狗奴《くな》国との最前線のひとつが、このあたりだったとみていいのではないか。

外交を担った「一大率」

次に問題となるのが、伊都国に常在し、諸国を検察したという一大率《いちだいそつ》である。『魏志』倭人伝には、

(a)女王国より以北には、特に一大率《いちだいそつ》を置き、諸国を検察せしむ。諸国これを畏《おそ》れ憚《はばか》

る。常に伊都国に治《ち》す。(b)国中において刺史《しし》の如《ごと》くあり。(c)王、使《つかい》を遣《つかわ》して京都《けいと》・帯方郡《たいほうぐん》・諸韓国《しょかんこく》に詣《いた》り、及び郡の倭国に使《つかい》するや、皆津《つ》に臨《のぞ》みて捜露《そうろ》し、文書《ぶんしょ》・賜《し》遺《い》の物を伝送して女王に詣《いた》らすに、差錯《ささく》するを得ず。

と記されているが、どこまでが一大率の説明かが問題なのである。

　つまり、①(a)〜(c)すべてが一大率のことで(c)も一大率の役割とする説、②(a)のみ一大率のことで(b)は諸国の役人、(c)は(b)の役割とする説、③(a)〜(c)はみな別々のことで(c)は文書や物の伝達方法を述べただけとみる説、である。このうち、①説では(c)にある「皆」を役人のこととすれば、一大率は複数いたとも解され、一大率という表記と矛盾するようにも思われる。

　私は以前、一大率とは伊都国王が任じられていたのではないかと推測したことがある。それは、『日本書紀』垂仁二年是歳《このとし》条に引用された「一云《いちにいわく》」に、崇神天皇の時代に越《こし》国の笥飯浦《けひのうら》(敦賀《つるが》)に漂着したツヌガアラシトがはじめ穴門《あなと》に至ったときに、伊都都比古《いっつひこ》なる人物が「吾《われ》は是《こ》の国の王なり」と名乗ったとあるので、その頃、伊都都比古つまり伊都の王が穴門つまり長門《ながと》国の西南部を治めていたと思われ、伊都国王の勢力が玄界灘沿岸一帯におよんでいたようにみえる。こう考えれば、一大率が伊都国を常に治めていたという『魏志』倭人伝の記載とも矛盾しないであろう。

崇神天皇の時代は、その頃に築造されたという箸墓《はしはか》古墳（奈良県桜井《さくらい》市、写真4）の年代からみて三世紀半ばと考えられるので、『魏志』倭人伝の時代に相当するとみてよい。つまり、この時期に伊都国王は穴門を治めていたということであり、当然それよりも西の地域、具体的には玄界灘沿岸諸国もまた伊都国王の統治下にあったことを示している。

このことはとりもなおさず、彼こそが一大率として九州王権下で女王国より以北を検察していたことを示すのではないか。具体的にいえば、伊都国の官であった爾支と副官の泄謨觚、柄渠觚のいずれかが一大率であった可能性が高い。

ここで、伊都都比古つまり伊都の王が、朝鮮半島南部から来たツヌガアラシトに応対したということは、一大率の任務として、国外使節や渡来民への対処があったことを思わせる。その解釈にまちがいがなければ、さきの(c)はやはり一大率の任務であって、「皆」とは、その前に書かれていた倭王からの使節派遣や帯方郡から倭への使節などすべての場合

写真4　箸墓《はしはか》古墳

弥生時代後期から古墳時代前期の纏向《まきむく》遺跡にある、最古級の前方《ぜんぽう》後円墳《こうえんふん》

という意味なのであろう。

『魏志』倭人伝によれば、帯方郡の使者は末盧国に着いたようだが、海外からの使節が着岸する港はそれのみとはかぎらない。奴国に来たり、ツヌガアラシトのように穴門に到着したりすることもあったろう。いずれの場合も伊都国王が一大率として対応したらしいことが『魏志』倭人伝と『日本書紀』を活用することでみえてくる。

このように、一大率の任務は、玄界灘沿岸諸国の検察と外交に関するものであったが、さらに、諸国に置かれたヒナモリと組み合わされて、対外防備の役割も帯びていた可能性もあるように思われる。

なお、外交に関する職掌は、具体的には倭国王が大陸に派遣する使節と帯方郡から倭に遣わされた使節に対する任務であって、そこで帯方郡の使節がもたらす賜遺《しい》の物も、一大率つまり伊都国王によって王都・邪馬台国に運ばれた。

九州王権の外交については次章で考えるが、ここで一大率が関与したのは、あくまで国家間の使節のやりとりにかかわる事柄であって、民間でおこなわれていた交易をも管理していたとはいえない。対馬や壱岐の人々がおこなっていた食糧確保の交易や朝鮮半島から交易を通じてもたらされた物、たとえば鉄資源などは、一大率の管理するところであったとは思えないのである。

『魏志』韓伝《かんでん》の弁辰《べんしん》の項には、朝鮮半島での鉄の流通について「国《くに》、鉄を出《い》だす。韓《かん》、濊《わい》、倭《わ》、皆《みな》従いてこれを取る。諸市《しょし》の買うは皆《みな》鉄を用《もち》う。中国の銭《ぜに》を用いるが如《ごと》し。又《また》以て二郡に供給す」という記述がある。とすれば、鉄は、倭の商人たちがもたらす倭の物産と交換されて倭に流入していたのであって、そこには一大率が関与していない。つまり、鉄は卑弥呼の朝廷の独占物ではなかったことになる。

卑弥呼以外の王たち

　次に問題となるのが、伊都国に世々《よよ》王があるという『魏志』倭人伝の記述である。伊都国王の権勢の大きさは考古遺跡からうかがえるが、一大率として伊都国王が玄界灘沿岸諸国の上に立っていたのは、以前から有していたこの権勢を受け継いだものであったと思われる。その伝統は継続して、四世紀中頃にヤマト王権が北部九州に進駐したとき、伊《い》覩《と》県主《あがたぬし》の祖・五十《い》迹《と》手《で》なる者が応対したことにつながる（後述）。つまり、玄界灘沿岸では、一貫して伊都国王が大きな権力を有していたわけである。

『後漢書』東夷伝では、「使《し》駅《えき》（訳の誤字）、漢に通ずる者、三十許《ばか》りの国なり。国、皆《みな》王を称し、世々統《とう》を伝う」と記して、王がいたのは伊都国だけではなく、倭の諸国すべてであって、さらにそのなかで大《だい》倭《わ》王《おう》が邪馬台国にいたとしている。確かに、対馬や壱岐にはヒコ（彦）がいたというし、投馬国の弥弥もミミとすれば、首長の名称にふさわしく、諸国に王がいたとみたほうが実態に沿っているようにも思える。

　ただ、これらの国は副の卑奴母離（ヒナモリ）を除けば、王に相当するのは官の卑狗（ヒク＝ヒコ）一人だけとなるが、伊都国はヒナモリがいないうえに、王かもしれない官の爾支《にき》、副の泄謨觚《せもこ》・柄渠觚《へここ》の二人がいる。爾支はニキと呼ぶのだろうが、意味はよくわからない。あるいは、ヒコよりも上位の首長を意味する言葉だったのであろうか。

邪馬台国の場合は、伊支馬《いきま》・弥馬升《やましょう》・弥馬獲支《やまかし》・奴佳鞮《なかて》という官がいたとあって、副は記されない。あるいは、複数の長老が治める形態であったのかもしれないが、これだけでは断定は無理であろう。いずれにせよ、卑弥呼はあくまで、そこを都《みやこ》とする倭国王、『後漢書』東夷伝にいう大倭王として、彼らの上に君臨したのであって、邪馬台国の女王ではないのであるから、邪馬台国そのものはこれら四人によって治められていたと思われる。

『筑前国《ちくぜんのくに》風土記《ふどき》』の逸文《いつぶん》によれば、仲哀《ちゅうあい》天皇に降服した怡土《いと》（伊覩）県主の祖・五十迹手が、「高麗国《こまのくに》意呂山《おろさん》に天《てん》より降《くだ》り来る日鉾《ひぼこ》の裔《すえ》」と名乗ったという。彼は伊都国王の末《まつ》裔《えい》と考えられるので、伊都国王の一族が朝鮮半島からの渡来人だったことが判明するのも興味深い。注目したいのが、彼らがヒボコを祖先神とする系譜を持っていたことである。つまり、伊都国王はヒボコを始祖とする一族によって継承されていたと考えられるわけだ。

このようにみると、少なくとも伊都国では、王位の世襲がある程度確立していたように思われる。

卑弥呼の親族

このように、各々《おのおの》が王を持っていたと思われる諸国の上に君臨したのが、倭国王としての女王・卑弥呼である。その王権はいかなるものであったのかについても、『魏志』倭人伝しか頼るべき史料がない。それによれば、

鬼道《きどう》に事《つか》え、能《よ》く衆《しゅう》を惑《まど》わす。年已《としすで》に長大なるも、夫婿《ふせい》無く、男弟《だんてい》あり、佐《たす》けて国を治《おさ》む。王となりしより以来、見るある者少《すくな》く、婢《はしため》千人を以《もつ》て自ら侍《はべら》せしむ。唯《ただ》、男子一人あり、飲食を給《きゆう》し、辞を伝え出入す。

とあって、独身の老女で宗教的権威を有していたことがうかがえる。

その宗教的側面については後述するが、もちろん、当初から老女であったわけはなく、

「倭国乱れ、相《あい》攻伐すること歴年《れきねん》、乃《すなわ》ち共に一女子を立てて王となす」とあるように、いわゆる倭国の乱のあとに共立されたときは、むしろ少女といってよかったらしい。『魏志』倭人伝では、男弟が国を治めるのを補佐していたとあるが、少女の弟はさらにそれより年少であるから、政治を担当できるはずはなく、当初は彼女の父や伯叔父など年長の親族が政治を補佐した可能性が高い。

もちろん親族以外の人物がそれにあたった可能性も否定できないが、三世紀前半の段階では、卑弥呼とその弟が倭国全体の政治を執りおこない、さらに卑弥呼の死後も、その宗《そう》女《じょ》の壱与《いよ》（86～87ページで詳述）が擁立されているから、王権を担当する一族はある程度決まっていたと思われる。

しかし、一族だけでは倭国を統治できたとはとうてい考えられないから、他にも統治にかかわった者たちが存在したであろう。

使者が名乗った「大夫」

卑弥呼の側近として、倭国全体の統治にかかわっていたと思われるのは、まず魏への使者となった人物である。
『魏志』倭人伝によれば、卑弥呼は魏に三回にわたって使者を派遣し、そのうち二回が魏の都《みやこ》・洛陽に至っている。第一回目は景初《けいしょ》三年（二三九）で、翌年の正始《せいし》元年（二四〇）に帰国したらしい。このときの使者は、大夫《たいふ》難升米《なんしょうまい》・次使都市牛利《としぐり》であった。二度目は正始四年（二四三）で、使者は大夫伊声耆《いせき》・掖邪狗《えきやく》ら八人であった。三度目は正始八年（二四七）で、このときは帯方郡に至ったのみだが、使者は倭載《わさい》・斯烏越《しうえつ》ら（倭の載斯《さいし》・烏《う》越《えつ》と読む説もある）であった。

それぞれの名前をどのように読むか判然としないが、ここで重要なのは「大夫《たいふ》」という称号を持つ者がいることである。大夫が倭人の自称であったことは、『魏志』倭人伝に「自ら大夫と称す」とあることから明らかだが、当時、倭には大夫という身分を持つ者がいたことはまちがいない。

『後漢書』東夷伝に、倭の奴国の朝貢に際して「使人《しじん》、自ら大夫と称す」とあり、すでに五七年のときからのようにみえるが、これは『魏志』倭人伝の文を踏まえた記事と思われ、その頃からかは判然としない。魏以前に倭の使者が中国に至ったのは一〇七年の帥升ぐらいしか見あたらないので、このときには使者は大夫を名乗ったのであろう。とすれば、その頃には、大夫という身分が成立していたわけである。

百余国の時代からすれば二〇〇年以上、帥升の朝貢から数えても百数十年の間、倭人は中国文化と接触していたのであり、その過程で中国風の身分呼称を取り入れていたとしてもあやしむには足りない。したがって、大夫の称号はそれが単独で用いられたと考えるよりも、その背後には「王《おう》・卿《けい》・大夫《たいふ》・士《し》・庶《しょ》」という中国の身分制に対する理解があったと考えるべきであろう。

倭人のルーツ

『魏志』の編者・陳寿《ちんじゅ》は、倭の使人が大夫と自称したことを鯨面文身《げいめんぶんしん》、つまり入《い》れ墨《ずみ》の記事のところで述べている。

男子は大小《だいしょう》と無く、皆鯨面文身《げいめんぶんしん》す。古《いにしえ》より以来《このかた》、其《そ》の使《つかい》、中国に詣《いた》るや、皆自《みずか》ら大夫《たいふ》と称す。夏后少康《かこうしょうこう》の子、会稽《かいけい》に封《ほう》ぜられ、断髪《だんぱつ》文身して、以《もっ》て蛟竜《こうりゅう》（竜など海中生物）の害を避《さ》く。

つまり、倭人の鯨面文身は、夏《か》王朝の王・少康の子が会稽に封ぜられて断髪文身したことと関連があると考えていたわけであって、さらにいえば、少康が封じられた江南《こうなん》を倭人の故郷と考えていたらしい。さらに、陳寿が参考にしたという『魏略《ぎりゃく》』（『翰苑』所引）には、次の記載がある。

其《そ》の俗《ぞく》、男子皆《みな》點（黥《げい》の誤記か）面文（身）。其の旧語を聞くに、自ら太伯《たいはく》の後という。むかし、夏后小康の子、会稽に封ぜられ、断髪文身し、以て蛟竜の害を避けり。今、倭人亦《また》文身せるは、以て水害を厭《いと》うなり。

ここには、倭人は周《しゅう》王朝の太王《たいおう》の長子で、江南に逃亡して呉《ご》の始祖となったという太《たい》伯《はく》の末裔と自称していたことになっている。『魏志』倭人伝は舌足らずだが、陳寿もまた、倭人は太伯の末裔であって、それだから彼らは大夫などという中国風の身分を名乗っていると考えていたようである。

倭人が紀元前一二世紀頃の人物と思われる太伯の子孫を自称していたという『魏略』の説は、なにを意味するであろうか。

私は、このことから、倭人全体が江南地方に起源を持つとまではいえないと思う。さきにみた伊都国王の末裔と思われる五十《い》迹《と》手《で》のように、朝鮮半島に起源を持つと伝えていた者もいたからである。つまり、ヒボコを始祖とする一族と同じように、太伯を始祖とする一族もいたということであって、さきに伊都国王で推測したように、倭国ではすでに祖先についての意識が生まれていたことを示している。

さらに、『魏志』倭人伝の記述とあわせて考えると、太伯の子孫と称したのは、中国に遣《つか》わされた大夫であったのかもしれない。もしそうなら、あるいは太伯を始祖とする者が抜擢《ばってき》されて帯方郡や洛陽に遣わされていた可能性も出てくるが、あまり憶測をたくましくするのもいかがかと思われるので、このあたりでとどめておきたい。ただ、始祖を持つことはなんらかの同族意識があったということであり、世襲制への一歩を踏み出していたと考えておきたい。

なお、『魏略』の記述は、中国人が倭人の特徴的習俗とみなしていた入れ墨の起源の問題ともからみ、さらに、弥生時代のはじまりが紀元前一〇世紀頃、いいかえると西周《せいしゅう》の滅亡、春秋《しゅんじゅう》時代のはじめ頃とする近年の研究動向ともあいまって、すこぶる興味のあるところだが、本書のテーマとは離れるので、これ以上は追究しない。

いずれにせよ、倭国の使人は中国で大夫を名乗り、これは倭国における身分ないし職掌とみてまちがいない。おそらく倭国政府を構成する議政官のごときものだったのであろう。ちなみに、前項（65ページ）で触れた「都市牛利《としぐり》」の「都市」を、市を管理する役職ではないかとする説がある。この時期、倭人にはまだ後世のウジ（氏）に相当する名称はなく、個人名のみであったらしいので、「牛利」が名前で、都市は大夫と同じく役職名であった可能性は高い。

『魏志』倭人伝に「国々市《いち》あり。有無《うむ》（文物《ぶんぶつ》）を交易し、大倭《だいわ》をしてこれを監《かん》せしむ」という記述があって、市の監督官がいたことがうかがえる。これが「都市」であったかもしれない。「大倭」という語句が難解で、大夫の誤写とすれば都合がいいが、さすがにそれはご都合主義というものであろう。

ヤマト王権との類似性

この大夫と『魏志』倭人伝が記す男弟との関係がむずかしいが、大夫は複数いたことが明らかなのに対して、男弟は卑弥呼と並ぶ権力者のようなので、別のものとみたほうがいいだろう。つまり、倭国は女王・卑弥呼とその弟が最高権力を保持し、そのもとで複数の大夫が政務をとる形態だったと思われる。

これは卑弥呼の死後も変化はなく、壱与が魏に派遣した使者は、大夫《たいふ》率善中郎将《そつぜんちゅうろうじょう》掖邪《えきや》狗《く》ら二〇人であった。ここからみると、倭国の朝廷は少なくとも数十人の人員で構成されるようなものであったと思われる。

この形態はヤマト王権の「マエツギミ合議制」と相通じるものがあり、ヤマト王権が九州から畿内地域に移動した王権であったことと無関係ではないように思われるが、三世紀頃の地域政権は似たような統治組織を持っていたということかもしれない。

では、その大夫間ではいかなる分担がなされていたのか。

参考にしたいのが、ヤマト王権における「五大夫《ごたいふ》の制」である。すなわち、垂仁天皇の時代に、阿倍臣《あべのおみ》の祖の武渟川別《たけぬなかわわけ》、和珥臣《わにのおみ》の祖の彦国葺《ひこくにぶく》、中臣連《なかとみのむらじ》の祖の大鹿島《おおかしま》、物部連《もののべのむらじ》の祖の十千根《とおちね》、大伴連《おおとものむらじ》の祖の武日《たけひ》の五人が任じられた役職である（『日本書紀』垂仁二十五年二月八日条）。この記事がヤマト王権の統治組織をまちがいなく伝えているかは疑義があるかもしれないが、私は個人名など細かい点はともかく、大筋としてはこれらの氏族の先祖が要職にあったことは認めてもよいと考える。時期的には、九州王権の壱与の時代に相当する頃である。

　このなかで、武渟川別は『日本書紀』に出てくる四道将軍《しどうしょうぐん》（大彦命《おおびこのみこと》・武渟川別命・吉《き》備《び》津《つ》彦命《びこのみこと》・丹波《たんば》道主命《みちぬしのみこと》）のひとりであり、武日や武埴安彦《たけはにやすひこ》の乱を鎮圧した彦国葺とともに、軍事担当とみてよい。いっぽう十千根は、石上《いそのかみ》神宮（奈良県天理《てんり》市）の神庫《ほくら》の管理など倉庫の管理が主任務だった。ここに祭祀担当の大鹿島が加わっており、軍事・財政・祭祀が、大夫の分担した職掌だったことがうかがえる。

　私は、このような形態はこの時期の地方王権に共通していたもので、軍事への偏重はヤマト王権の個性かもしれないが、大枠では九州王権も同様であったと考える。『魏志』倭人伝は、難升米という、そのなかの軍事担当者を明らかにしているわけである。

九州王権の統治形態

卑弥呼が宗教的権威を持っていたことはまちがいないが、具体的にどのような働きをしたかは、『魏志』倭人伝からはわからない。しかし、巫女《みこ》、つまりシャーマンのような存在であったことは動かないだろう。それは、この時期から古墳時代にかけて、神がかりによる政策決定がおこなわれていたからである。

その代表的なものは、九州遠征の際に住吉《すみのえ》三神《さんしん》（『古事記』では底筒《そこつつ》之《の》男命《おのみこと》・中筒《なかつつ》之《の》男《おの》命《みこと》・上筒《うわつつ》之《の》男命《おのみこと》）の託宣《たくせん》を得た神功皇后の事例であろうが、ヤマト王権ではさらに崇神天皇の時代にヤマトトトヒモモソヒメが神がかりしている例がある。

このような場合、巫女のそばで神託を聴く「サニワ」という者が必要となるが、神功皇后の場合、その任にあたったのが武内宿禰《たけうちのすくね》と中臣烏賊津《なかとみのいかつ》である。さきにみたように、中臣氏の祖が垂仁天皇時代の五大夫のひとりであることを考え合わせると、大夫の祭祀における役割とは、宮廷巫女の神託を聞き分けることであったと思われる。

だとすれば、『魏志』倭人伝で「唯《ただ》、男子一人あり、飲食を給《きゅう》し、辞《じ》を伝え出入す」とされた人物は、倭国の朝廷を構成する大夫のひとりであった可能性が高いのではないか。

このように推測を重ねてくると、九州王権の統治構造が浮かび上がってくる。まず、女王と男弟を頂点とし、そのもとに大夫と朝廷の役割を分担した階層（市をつかさどる都市など）がいる。これが統一政権としての権力中枢である。その下に朝廷に従う諸国があり、それぞれ王を戴《いただ》いていたが、九州王権はそれらのうち、少なくとも玄界灘沿岸諸国を、伊都国王を任じた一大率を通じて監察していたのである。

その権力が堅固なものではなかったことは、いわゆる倭国の乱や卑弥呼死後の紛争で、ある程度推測できる。女王死去後、残されたのはその補佐をしていた男弟になるが、彼に国中は服さなかったとすれば、宗教的な裏づけがなければ統治できなかったということであろう。なお、九州王権の宗教的背景については、第五章で述べたい。

とはいえ、倭国王（九州王権）をとりまく大夫を中心とした統治組織は、卑弥呼の後継者・壱与の時代になっても存続し、しかも掖邪狗《えきやく》はその前後を通じて大夫であり続けているから、案外しっかりとしており、すでに諸国の王は倭国王の擁立には介入できない状況だったようにも思えるが、これ以上の推測は無理である。

ただ、卑弥呼死去後の争いで、統治組織が崩壊するような、大きな変革があったわけではないことはいえると思う。また、大夫層の成長は卑弥呼の治世のこととも考えられるから、卑弥呼共立の主体が諸国の王たちであった可能性までも否定するわけにはいかない。

では、その諸国で王たちに支配されていた人々はどのようであったのだろうか。

社会構造① 身分

すでに述べたように、倭国の最高首長や伊都国の首長では世襲傾向がみられたわけだが、その傾向は、『後漢書』東夷伝の「国《くに》、皆《みな》王を称し、世々統《とう》を伝う」が信用できれば、諸国においても同じだったと思われる。支配層が固定しかかっていたことは、『魏志』倭人伝からもうかがえる。

下戸《げこ》、大人《たいじん》と道路に相逢《あいあ》えば、逡巡《しゅんじゅん》して草《くさ》に入り、辞《じ》を伝え事《こと》を説くには、或《ある》いは蹲《うずくま》り或いは跪《ひざまず》き、両手は地に拠《よ》り、これが恭敬《きょうけい》をなす。対応の声は噫《あい》と曰《い》う。比《ひ》するに然諾《ぜんだく》の如《ごと》し。

つまり、すでに「大人《たいじん》」「下戸《げこ》」という階層が存在していたのである。また、「大人の敬《けい》する所を見れば、但々《ただ》手を搏《う》ち、以《もつ》て跪拝《きはい》に当《あ》つ」ともある。

さらに「其《そ》の俗《ぞく》、国《くに》の大人は皆《みな》四、五婦、下戸も或《ある》いは二、三婦」からみると、一夫多妻であった可能性を示唆《しさ》している。大人と下戸では財産にも差があったようだが、それほど豊かでなかったらしいことは、犯罪の罰則に妻子を没収することや、門戸・宗族を滅ぼすことはあっても、財産刑がみえないことからうかがえる。いまだ共同体所有が一般的だったのかは、なんともいえない。

また、「尊卑《そんぴ》は各々《おのおの》差序あり、相臣服《あいしんぷく》するに足《た》る」とあるように、大人と下戸の差は固定しており、その差は、

> 諸国の文身《ぶんしん》各々異なり、或いは左《ひだり》に、或いは右《みぎ》に、或いは大に、或いは小に、尊卑《そんぴ》差あり。

と、入れ墨などで視覚的に表現されたらしい。しかし、髪形・服装の違いは記述されて

いないから、服制などは未発達だったのであろう。

このように、それぞれの国に属する人々は大人と下戸の階層に分かれていたが、その違いはよくわからない。下戸は大人に隷属していたわけではなく、隷属民としては別に生口《せいこう》といわれる人々がいたらしい。「持衰《じさい》」といわれる航海にかかわる呪術師《じゅじゅつし》に与えるものに、生口・財物があることからみて、彼らが財産と同一視される奴隷のような境遇であったことはまちがいない。彼らのなかには、中国に朝貢の品として送られた者もいた。

社会構造② 徴税

国の成員たちは、『魏志』倭人伝に「租賦《そふ》を収む、邸閣《ていかく》あり」とあるので、租税のようなものを納めていたらしい。その邸閣があったのが、王都の邪馬台国なのか、各国なのかは『魏志』倭人伝でははっきりしない。前者ならば、諸国から邪馬台国に税が収められたことになるし、後者なら諸国の王、つまり首長に構成員が租税を納める形態であったと思われる。後者とすれば、王の財産ではなく、共同体の所有になったのかもしれない。

もちろん、そこには共同体内での生産活動があるはずで、農業をはじめ手工業などが想定される。諸国の間に、一種の分業が存在したかは文献からはわからないが、すべて一律の農業共同体であったと決めつけることはできない。少なくとも、壱岐や対馬の人々は農業よりも朝鮮半島と九州間の交易に従事していたようだし、末盧国の住民は漁撈にたずさわった可能性が高い。

前述のように、『魏志』倭人伝に「国々市《いち》あり。有無《うむ》を交易し、大倭《だいわ》をしてこれを監せしむ」とあるので、市が国ごとにあったことがうかがえる。個人間の交易か、共同体間の交易かははっきりしないが、個人の財産がさほどでもなかったとすれば、それは共同体つまり国と国との交易であった可能性が高いと思われ、その背景には、各国での生業《せいぎょう》の差異があったことは推測にかたくない。

このような推測があたっているとすれば、各国は、その成員からの租税と他の国々との交易を通じて、その所有物を確保していたことになるが、それ以上のことはわからない。

また、朝鮮半島諸国とも交易があったはずだが、倭の国々それぞれが半島と交易したのか、直近の国々の役割だったのかは明確ではない。ただ、対馬と壱岐の人々が朝鮮半島に渡っていたであろうことは確かだろう。

大倭王たる卑弥呼は、おそらくこれらの国々からの貢納物で生活していたと思われる。これは、初期のヤマト王権で、王の日用品などが小国主ともいえる県主《あがたぬし》からの貢納でまかなわれていたことが参考になる。

日本列島内では、大倭王の支配領域外の地域との交易もおこなわれただろう。物品の流通範囲と政治的まとまりは一致するとはかぎらない。畿内地域の土器の流入などがその例である。九州地域の諸国が内陸地域へもたらす最大の交易品は半島からの輸入品、なかでも鉄であったと考えられる。

倭王・卑弥呼とそれをとりまく側近たちが物品を得るには、もうひとつの方法がある。倭国王としての外交行為を通じて得ることだ。ふだんの交易ではおそらく入手できないこれらの下賜品を得られることが、卑弥呼の王権を維持する有力な手段となったはずである。彼女の王権は、その外交と不可分のものであったのである。

第四章

対外関係

魏への朝貢

邪馬台国や卑弥呼の情報がもっぱら『魏志』倭人伝にもとづくのは、卑弥呼が魏と外交関係を持ったからである。ただし、それは彼女の治世の最末期の数年間でしかない。

卑弥呼が女王であった倭国、つまり九州王権が中国・華北《かほく》を治めていた魏に朝貢するのは、景初二年（二三八）に、遼東《りょうとう》半島から朝鮮半島北部にかけて支配していた公孫《こうそん》氏が魏によって滅ぼされてからである。その翌年の景初三年に、卑弥呼の魏への朝貢がはじまったのである。『魏志』倭人伝は次のように記している。

> 景初二年六月、倭の女王、大夫《たいふ》難升米《なんしょうまい》等を遣《つかわ》して郡に詣《いた》り、天子《てんし》に詣りて朝献《ちょうけん》せんことを求む。太守《たいしゅ》劉夏《りゅうか》、吏《り》を遣し、将《ひき》いて送りて京都《けいと》に詣らしむ。

「郡」とは帯方郡のことで、それまで公孫氏が支配していたのが、魏の領土となったのである。『魏志』倭人伝は景初二年としているが、倭の使節が帰国したのが正始元年（二四〇）であるから、景初三年とするのが正しい。したがって、『魏志』倭人伝の「其《そ》の年十二月、詔書《しょうしょ》して倭の女王に報じて曰《いわ》く」における「其の年」とは、景初三年のことにほかならない。詔書の内容は、『魏志』倭人伝に引用されている。なお、「太守」とは帯方郡の長官をあらわしている。

親魏倭王《しんぎわおう》卑弥呼に制詔《せいしょう》す。帯方《たいほう》の太守劉夏、使《つかい》を遣し汝《なんじ》の大夫難升米・次使都市《じしとし》牛利《ぐり》を送り、汝献《けん》ずる所《ところ》の男生口《だんせいこう》四人・女生口《じょせいこう》六人・班布《はんぷ》二匹二丈を奉《たてまつ》り以《もっ》て到《いた》る。汝がある所、踰《はる》かに遠きも、乃《すなわ》ち使を遣して貢献《こうけん》す。これ汝の忠孝、我《わ》れ甚《はなは》だ汝を哀《あわ》れむ。今《いま》汝を以て親魏倭王となし、金印紫綬《きんいんしじゅ》を仮《か》し、装封《そうふう》して帯方の太守に付《ふ》し仮授《かじゅ》せしむ。汝、其《そ》れ種人《しゅじん》を綏撫《すいぶ》し、勉《つと》めて孝順を為《な》せ。汝が来使《らいし》難升米・牛利、遠きを渉《わた》り、道路に勤労す。今、難升米を以て率善中郎将《そつぜんちゅうろうじょう》となし、牛利を率善校尉《そつぜんこうい》となし、銀印青綬《ぎんいんせいじゅ》を仮し、引見労賜《いんけんろうし》し遣し還《かえ》す。今、絳地《こうち》の交竜錦《こうりょうきん》五匹・絳地の縐《すう》粟罽《ぞくけい》十張・蒨絳《せんこう》五十匹・紺青《こんじょう》五十匹を以て、汝が献ずる所の貢直《こうち》に答う。又《また》特に汝に紺地《こんじ》の句文錦《くもんきん》三匹・細班華罽《さいはんかけい》五張・白絹《しらぎぬ》五十匹・金《きん》八両・五尺刀《ごしゃくとう》二口・銅鏡《どうきょう》百牧・真珠《しんじゅ》・鉛丹《えんたん》各々五十斤を賜い、皆装封《そうふう》して難升米・牛利に付す。還り到らば録受《ろくじゅ》し、悉《ことごと》く以て汝が国中《くにじゅう》の人に示し、国家《こっか》汝を哀れむを知らしむべし。故《ゆえ》に鄭重《ていちょう》に汝に好物《こうぶつ》を賜うなり。

卑弥呼にさまざまなものが贈られているが、それらはその翌年の正始元年（二四〇）に、帯方郡を介して倭国にもたらされた。この文物《ぶんぶつ》は、倭国からの朝貢品に対する返礼ともいえる品と、卑弥呼に与えられた品の二種類があり、銅鏡一〇〇枚は後者に含まれる。『魏志』倭人伝には、卑弥呼が使者の帰国にあわせて詔恩《しょうおん》に謝す上表《じょうひょう》（君主に文書を奉《たてまつ》ること）をおこなったことが記されている。同じ正始元年のことだ。

> 正始元年（二四〇）、太守弓遵《きゅうじゅん》、建中校尉《けんちゅうこうい》梯儁《ていしゅん》等を遣《つかわ》し、詔書《しょうしょ》・印綬《いんじゅ》を奉《ほう》じて、倭国に詣《いた》り、倭王に拝仮《はいか》し、并《なら》びに詔《しょう》を齎《もたら》し、金《きん》・帛《はく》・錦《きん》・罽《けい》・刀《とう》・鏡《きょう》・采物《さいぶつ》を賜う。倭王、使《つかい》に因《より》て上表《じょうひょう》し、詔恩《しょうおん》を答謝す。

これが、倭国と魏王朝との最初の通交である。

狗奴国との抗争

九州王権は当時、狗奴国と戦争状態にあったようだ。『魏志』倭人伝は「其《そ》の南に狗奴《くな》国あり。男子を王となす。其の官に狗古智卑狗《くこちひく》あり。女王に属せず」と記している。そのためか、卑弥呼は再度、魏に使者を派遣する。このときの目的は『魏志』倭人伝には明記されていないが、狗奴国との戦争に関して魏から援助を引き出そうとしたものであることは、その後の経過からみて明らかである。

其《そ》の（正始）四年（二四三）、倭王、復《ま》た使《つかい》、大夫伊声耆《いせき》・掖邪狗《えきやく》等八人を遣し、生《せい》口《こう》・倭錦《わきん》・絳青縑《こうせいけん》・緜衣《めんい》・帛布《はくふ》・丹《たん》・木⿰犭付《もくふ》・短弓《たんきゆう》・矢《や》を上献す。掖邪狗等、率善中《そつぜんちゆう》郎将《ろうじよう》の印綬を壱《ひと》しく拝す。

その翌々年の正始六年（二四五）、魏は倭国に黄幢《こうどう》（軍旗）を下賜することを決定した。『魏志』倭人伝には「其《そ》の六年、詔《しよう》して倭の難升米《なんしようまい》に黄幢を賜《たま》い、郡に付して仮授《かじゆ》せしむ」とみえる。やや時間がたっているのは、遠方である倭の紛争にどう対処するかを決定するのが遅れたのであろう。

ところが、その黄幢を持って使節が帯方郡に帰ってきた頃、当地はたいへんなことになっていた。『魏志』韓伝は正始七年（二四六）のこととして、次のように述べる。

部《ぶ》従事《じゅうじ》呉林《ごりん》、楽浪《らくろう》もと韓国を統《す》べるを以《もっ》て、辰韓《しんかん》（秦韓《しんかん》ともいう。のちに新羅《しらぎ》が統一）八国を分割し以て楽浪に与《あた》う。吏訳《りやく》、転《うた》た異同あり、臣智《しんち》激し、韓忿《いか》り、帯方郡《たいほうぐん》の崎《き》離営《りえい》を攻む。時の太守弓遵《きゅうじゅん》・楽浪太守劉茂《りゅうも》、兵を興《おこ》しこれを撃ち、遵《じゅん》戦死し、二郡遂《つい》に韓を滅ぼす。

つまり、倭国の使いを送り出してくれた弓遵は韓の反乱で戦死し、後任の太守はまだ赴任していない状態だった。ここで、使者は倭への帰国を足止めされた。後任の太守が赴任したのは正始八年（二四七）のことで、倭国の使節が派遣されて四年の歳月が過ぎていた。

> 其《そ》の八年、太守王頎《おうき》、官に到《いた》る。倭の女王卑弥呼、狗奴《くな》国の男王卑弥弓呼《ひみくこ》と素《もと》より和《わ》せず。倭載《わさい》・斯烏越《しうえつ》等を遣《つかわ》して郡に詣《いた》り、相《あい》攻撃する状《さま》を説く。塞曹掾史《そくそうえんし》張政《ちょうせい》等を遣し、因《より》て詔書《しょうしょ》・黄幢《こうどう》を齎《もたら》し、難升米《なんしょうまい》に拝仮《はいか》し、檄《げき》を為《つく》りてこれを告喩《こくゆ》す。

『魏志』倭人伝は、卑弥呼と狗奴国の男王卑弥弓呼《ひみくこ》が不和であるとの情報がこのときもたらされたように書くが、そうすると情報は帯方郡までになってしまい、さきに使節が下賜された黄幢の意味がわからなくなってしまう。また、倭載《わさい》・斯烏越《しうえつ》たちは魏の都《みやこ》には行っていないようなので、なんのための使節かもわからなくなる。

これは、さきに派遣した使節の帰国があまりに遅いために再度派遣されたもので、ちょうど帯方郡で詔書・黄幢を下賜されたさきの使節と出会ったから、そのまま帰国したとみて、はじめて意味がとおる。とすれば、九州王権と狗奴国との抗争は、少なくとも二四三年から二四七年までは続いていたことになる。

このとき、帯方郡は塞曹掾史《そくそうえんし》（中国の肩書。日本における将軍か）の張政《ちょうせい》らを倭に遣わした。彼の働きもあって、紛争は卑弥呼側に有利な状態で終息したとみるべきであろう。そうでなければ、そのあとに亡くなった卑弥呼のために「径《けい》百余歩」の塚を作ることなど、できないであろうからである。したがって、卑弥呼が死去したあとの紛争も、狗奴国は関係なく、あくまで倭国、九州王権内部の王位継承の争いとみるべきなのである。

壱与の外交

せっかくだから、卑弥呼亡きあとの九州王権の外交もみておこう。卑弥呼の死後、王権を受け継いだのは、一三歳の少女・壱与《いよ》である。『魏志』倭人伝は、次のように記す。

> 復《ま》た卑弥呼の宗女《そうじょ》、壹与《いよ》（「壹」は「壱」の旧字《きゅうじ》）、年《とし》十三なるを立てて王となし、国中遂《つい》に定まる。政《せい》（張政）等、檄《げき》を以《もっ》て壹与に告喩《こくゆ》す。壹与、倭の大夫率善中郎将《そつぜんちゅうろうじょう》掖邪狗《えきやく》等二十人を遣《つかわ》し、政等の還《かえ》るを送らしむ。因《より》て臺《だい》（宮廷）に詣《いた》り、男女生口《せいこう》三十人を献上し、白珠《はくしゅ》五千孔・青大勾珠《せいだいこうじゅ》二枚・異文《いもん》の雑錦《ざつきん》二十匹を貢《こう》す。

なお、『魏志』倭人伝が邪馬台国を「邪馬壹国」と表記しているので（28ページ）、壹与の「壹」を「臺」の誤記とみて「臺《と》（台）与《よ》」とすべきとの見解もある。

結局、倭の使者が魏におもむいたのは、景初三年（二三九）、正始四年（二四三）、そして壱与が派遣した年次不詳、あわせて三回になる。帯方郡の使節が倭の地に来たのは、梯《てい》儁《しゅん》と張政の二度である。つまり、魏の朝廷から下賜品をもらったのは卑弥呼に二度、壱与に一度あったことになるが、そのうち魏から下賜された品物の内容がわかるのは第一回のときだけである。

壱与のあと、九州王権がどうなったかは中国の史料からはわからない。魏王朝が二六五年に、司馬《しば》氏の晋《しん》（西晋《せいしん》）王朝に交替してしまったからだ。その翌年、倭の女王が朝貢したと、『日本書紀』が引用した晋の起居注《ききょちゅう》にみえるが、おそらく壱与のことであろう。『魏志』倭人伝にみえる壱与の朝貢はこのときと考える説もあるが、時間が経過しすぎている感もする。

晋はやがて北方騎馬民族に圧倒され、中国は五胡十六国《ごこじゅうろっこく》の動乱期に入り、倭からの朝貢も途絶えたらしい。それ以降の九州王権の動向については、本書の後半で考えることとしたい。

卑弥呼が中国の王朝から特別な品物を入手できたのは、この晩年の一時期だけではなかったらしい。では、それまで卑弥呼はどのような外交を展開していたのか。このことは、倭国の成立を考えるうえでも重要なので、すこし時代をさかのぼって、倭人と大陸とのかかわりをみてみたい。

朝鮮半島の情勢

卑弥呼の治世下、すなわち三世紀前半の倭と、朝鮮半島（韓《かん》）はいかなる関係だったのだろうか。当時、朝鮮半島南部の韓の地は、馬韓《ばかん》、辰韓《しんかん》、弁韓《べんかん》（弁辰）の三つの地域に分かれていた（図3）。『魏志』韓伝には、

> 韓は帯方郡《たいほうぐん》の南にあり、東西は海を以《もっ》て限りとなす。南、倭と接し、方《ほう》、四千里ばかり。三種あり、一に馬韓、二に辰韓、三に弁韓。辰韓は昔の辰《しん》国なり。

とみえ、『後漢書』韓伝にも「韓に三種あり、一に馬韓、二に辰韓、三に弁辰」とある。このうち、馬韓はのちに百済によって統一される地域だが、『魏志』韓伝には、

> 馬韓、西にあり。其《そ》の民《たみ》は土着し、種《しゅ》を植え、蚕桑《さんそう》を知り、綿布《めんぷ》を作る。各、邑落《ゆうらく》には長帥《ちょうすい》あり、大《だい》はみずから名づけて臣智《しんち》となし、其の次を邑借《ゆうしゃく》となす。山海《さんかい》の間に散在して、城郭なし。（中略）およそ五十余国。大国は万余家、小国は数千家、総《すべ》て十万余戸。辰王《しんおう》は月支国《げっしこく》に治す。

と記され、『後漢書』韓伝にも、

図3　3世紀はじめの朝鮮半島

※国境・郡境はあくまで推定

> 馬韓、西にあり、五十四国あり。其《そ》の北は楽浪《らくろう》、南は倭と接す。辰韓、東にあり、十二国、北は濊貊《わいはく》と接す。弁辰、辰韓の南にあり、亦《また》十二国、其の南、亦倭と接す。およそ七十八国。伯済《はくさい》は其の一国なり。大は万余戸、小は数千家。各々山海《さんかい》の間にあり。地は合わせて方四千余里、東西は海を以《もっ》て限りとなす。皆古《いにしえ》の辰《しん》国なり。馬韓、最《もっと》も大にして、共に其の種《しゅ》を立てて辰王《しんおう》となす。目支国（月支国《げつしこく》）に都《みやこ》す。けだし、三韓の地に王たり。其の諸々の国王の先、皆《みな》馬韓の種人《しゅじん》なり。

とあるように、三韓のなかではもっとも有力であったらしい。「伯済」はのちの百済《くだら》である。なお、濊《わい》と貊《はく》を同一民族とする説と違うとみる説がある。

朝鮮半島北部には、前漢の武帝《ぶてい》が楽浪郡を設置する紀元前一〇八年まで、衛満《えいまん》が建国した「衛氏《えいし》朝鮮」が存在した（後述）。衛満は、もともと半島北部を支配していた朝鮮王準《じゅん》を破って王位についたのである。敗れた準は半島南部に逃れ、馬韓を破って、その地の王となる。その間の事情を、『後漢書』韓伝は次のように記している。

初《はじ》め、朝鮮王準《じゅん》、衛満《えいまん》の破るところとなり、すなわち其《そ》の余衆数千人を将《ひき》いて海に入り、馬韓を攻めてこれを破り、自立して韓王となる。準、のちに滅絶《めつぜつ》し、馬韓の人、復《ま》た自立して辰王となる。

準は韓王となったとあるから、韓全体を支配したようだが、準の死後は馬韓の人物が王となって治めることとなり、その国を辰国、王を辰王と呼んだらしい。先にみた『後漢書』韓伝は、馬韓・辰韓・弁韓の三韓がすべて昔の辰国で、馬韓出身の辰王が治めていたとして、馬韓が強大だったように記すが、その実在については疑問視する向きもある。

それに対して、辰韓（秦韓）は秦《しん》王朝と関係があると考えられていた。『後漢書』韓伝には、

辰韓。耆老《きろう》、みずから、秦《しん》の亡人《ぼうじん》、苦役を避け、韓国に適《ゆ》くに、馬韓、東界《とうかい》の地を割《さ》きてこれを与《あた》うと言う。其《そ》の名、国《くに》を邦、弓《ゆみ》を弧、賊《ぞく》を寇《こう》、行酒《ぎょうしゅ》を行觴《こうしょう》、相《あい》呼ぶを

徒《と》となすは、秦語に似たるあり。ゆえにこれを名づけて秦韓《しんかん》となす。

とあり、『魏志』韓伝には、

辰韓、馬韓の東にあり、其《そ》の耆老、世に伝うるに、みずから、古《いにしえ》の亡人、秦の役を避けて来たりて韓国に適《ゆ》く、馬韓、其の東界の地を割きて与うと言う。城柵あり、其の言語、馬韓と同じからず。名づけて、国を邦、弓を弧、賊を寇、行酒を行觴、相呼ぶを徒となす。秦人に似るあり、ただ燕《えん》・斉《せい》の物を名づくるにあらず。楽浪人を名づけて阿残《あざん》と言う。東方の人、我《われ》を名づけて阿《あ》となす。楽浪人、本《もと》其の残余の人なるを謂《い》う。今はこれを名づけて秦韓とするあり。初めに六国あり、やや分かれて十二国となる。

とあって、秦の課役負担を逃れて来た人々が馬韓の東部に居住したのがはじまりとされている。しかし、楽浪の民を「残余の人」と呼んでいることからみると、実際は中国王朝の植民地である楽浪郡の遺民《いみん》が移住してきたのではなかろうか。

『魏志』韓伝には、「桓《かん》・霊《れい》の末、韓《かん》・濊《わい》、彊盛《きょうせい》にして、郡県制するあたわず。民《たみ》、多く韓国に流入す」とみえる。「桓・霊」とは桓帝・霊帝の時代（一四六〜一八九年）だから、その末年とはやや不可解な言い回しだが、二世紀後半頃ということだろうか。ちょうど、倭でいわゆる大乱がおこった頃、朝鮮半島も不穏な状況だったということである。

　楽浪郡はその後、三一三年に高句麗《こうくり》によって滅ぼされるが、そのときにもおそらく遺民が韓の地に向かったであろう。ただし、『魏志』の記事を勘案すれば、実際は楽浪郡滅亡以前から中国系の人々が朝鮮半島を南下して、辰韓の地に移り住む傾向があったのである。

　このような朝鮮半島の状況は、後漢が衰退して楽浪郡の統治能力が減退したためだろうが、倭の争乱の場合は、後漢の衰退が原因とは一概にはいえないと思う。

　また、加羅の地に相当する弁辰（弁韓）については、『後漢書』韓伝に、「弁辰、辰韓と雑居《ざつきょ》す。城郭・衣服、皆《みな》同じ。言語・風俗、異なるあり」とみえるので、辰韓の影響を受けてはいるものの、まったく同じ文化を持つ民というわけではなかったらしい。

百済と交流がなかった理由

これら三韓のうち、倭人とかかわりが深いのは、『三国史記』によれば辰韓である。弁韓もその地理からみて、倭との関係が深いはずだが、『三国史記』が弁韓つまり加羅については言及していないので、文献史料にとぼしく不明である。

秦韓と倭との関係がうかがわれるのが、瓠公《ここう》伝説である。『三国史記』新羅本紀には次のように記される。

始祖赫居世《かくきよせい》三十八年春二月。瓠公《ここう》を遣《つかわ》して馬韓に聘《へい》せしむ。馬韓王、瓠公を譲《せ》めて曰《いわ》く「辰卞《しんぺん》（弁）二韓、我が属国たり。比年《このとし》、職貢を輸《いた》さず。事大《じだい》の礼《れい》、それかくの如《ごと》きか」と。対《こた》えて曰く「我が国、二聖の肇興《ちょうきょう》より人事《じんじ》修まり、天時《てんじ》和す。倉庾《そうゆ》充実し、人民敬譲《けいじょう》せり。辰韓の遺民《いみん》より以て卞韓（弁韓）・楽浪・倭人に至るまで、畏《い》懐《かい》せざるなし。しかれども、吾《わ》が王《おう》謙虚にして、下臣《かしん》を遣して修聘《しゅうへい》せしむ。礼に過ぎたりというべし。しかるに大王赫怒《かくど》し、劫《おど》かすに兵を以《もっ》てせり。これ何の意や」と。王、憤《いきどお》りて殺さんと欲す。左右諫止《かんし》す。乃《すなわ》ち帰ることを許す。これより前、中

> 国の人、秦の乱れに苦しみて、東来《とうらい》する者衆《おお》し。多くは馬韓の東にあり、辰韓と雑居《ざっきょ》す。是《これ》に至りて盛す。故《ゆえ》に馬韓これを忌《い》み、責めることあり。瓠公は未《いま》だ其《そ》の族姓を詳《つまび》らかにせず。本《もと》倭人にして、初め瓠《ひさご》を腰に繫《つな》ぎ、海を渡りて来る。故に瓠公と称す。

秦韓を弁韓・楽浪郡・倭人が畏懐（おそれる）しており、秦韓に仕えていた瓠公は倭からの渡来人であるという。もとより伝説だが、ありうることと思われる。

このように、倭つまり九州の住民との交渉が記されているのは、おもに新羅についてであって、百済との接触は三世紀の後半までなかった。これは、百済が馬韓でも北に偏した漢城《かんじょう》（現・韓国のソウル）を中心として発展してきたため、その初期には倭と接触することがかなわなかったことと関係している。なお百済以外の馬韓南部地域との交流は『三国史記』には記されていないが、考古学からは立証されているらしい。

倭は加羅諸国と密接な交流があったと想定されるが、加羅に関する文献が僅少なため、よくわからない。ヤマト王権の歴史を記した『記紀』からは情報が望めないのはいうまでもない。

ただ、崇神天皇の末年に任那《みまな》つまり加羅のツヌガアラシトが渡来したことと、垂仁天皇の時代に新羅の王子アメノヒボコがやってきたことが記されるが、前者は第三章で触れたように、もともと関門《かんもん》海峡あたりに来たのであり、アメノヒボコも伊都国王の祖先でもあるようなので、もとは北部九州に渡来して、日本列島の内部に進出したものらしい。つまり、ヤマト王権と朝鮮半島諸国とは、直接の交渉はほとんどなかったのである。

新羅への侵攻

『三国史記』新羅本紀にみえる、新羅と倭・倭人との交渉をみると、その多くは倭人による新羅領つまり秦韓への侵攻である。

赫居世《かくきよせい》八年（紀元前五〇）倭人《わじん》、兵を行《つら》ねて辺《あたり》を犯《おか》さんと欲す。始祖の神徳《しんとく》あるを聞きてすなわち還《かえ》る。

南解次次雄《なんかいじじゆう》十一年（一四）　倭人、兵船《へいせん》百余艘《そう》を遣《つかわ》して、海辺の民戸《みんこ》を掠《りゃく》す。六部の勁兵《けいへい》を発して以《もつ》て禦《ふせ》ぐ。

脱解尼師今《だつかいにしきん》三年（五九）五月　倭国と好《よしみ》を結び交聘《こうへい》す。

同十七年（七三）　倭人、木出島《もくしゅつとう》を侵《おか》す。王、角干羽烏《かくかんうう》を遣して禦ぐも克《か》たず。羽烏《うう》死す。

　このあたりまでは時代が古く、史実であるか疑わしいが、なんらかの背景はあったのであろう。

　二世紀以降になると、大筋で認めていいように思われるが、それによれば、祇摩尼師今《ぎまにしきん》十年（一二一）夏四月に倭人が秦韓の東辺を侵す出来事があって以降、倭人の侵入はひとまず収まったようにみえる。同十一年（一二二）夏四月に「大風《たいふう》東より来《きた》り、木を折り瓦《かわら》を飛ばす。夕に至りて止《や》む。都人《とじん》、訛言《かげん》して、倭兵《わへい》大いに来ると。争《あらそ》いて山谷に遁《のが》る。王、伊湌翌宗《いさんよくそう》等に命じて諭止《ゆし》せしむ」とあるが、これは倭人が来襲したのではなく、東からの大風にそのような噂が広まったということである。ただ当時、新羅の人々にとって、倭人の来寇が脅威となっていたあらわれではあろう。

同十二年（一二三）春三月の「倭国と講和す」、つまり外交関係を結んだとする記述が注目される。これは、この時期に倭国という政治組織が倭人の間で形成されていたことと関連するのかもしれない。

その後、『三国史記』新羅本紀の、阿達羅尼師今《あだつらにしきん》五年（一五八）三月には「竹嶺《ちくれい》を開く。倭人来聘《らいへい》す」とみえる。竹嶺は慶尚北道栄州《けいしょうほくどうえいしゅう》郡と忠清北道丹陽《ちゅうせいほくどうたんよう》郡との境《さかい》の峠で（金富軾撰、井上秀雄訳注『三国史記』1）、ここから陸路、楽浪郡のちには帯方郡に至ることができるようになった。

同二十年（一七三）五月には「倭の女王。卑弥乎、使《つかい》を遣《つかわ》して来聘《らいへい》す」という注目すべき記事がある。やや時代が早いので疑わしい点もあるが（干支《かんし》を一巡下らせて二三三年の可能性も考慮すべきか）、一二三年の「講和」以降、新羅と倭国の関係は良好だったとみていいのかもしれない。

二世紀の末になって状況は大きく変化する。伐休尼師今《ばつきゅうにしきん》十年（一九三）六月の「倭人大《おお》いに饑《う》う。来《きた》りて食《しょく》を求める者、千余人」がそれである。この倭での飢饉を、倭国の乱と結びつける見解もあるが、いかがであろうか。

その後の倭と新羅の関係では、奈解尼師今《なかいにしきん》十三年（二〇八）四月に「倭人、境《さかい》を侵《おか》す。伊伐飡《いばつさん》利音《りおん》を遣《つかわ》し、兵を将《ひき》いてこれを拒《こば》ましむ」という出来事があり、さらに助賁尼師《じょふんにし》今《きん》三年（二三二）四月には「倭人、にわかに至りて金城《きんじょう》を囲む。王、親《みず》から出《い》でて戦い、賊、潰走す」、同四年（二三三）五月に「倭兵、東辺《とうへん》に寇《あだ》す」、七月に「伊飡于老《いさんうろう》、倭人と沙道《さどう》に戦う」などがあった。

これらは卑弥呼の治世下に相当するので、少なくとも治世後半は、倭国と新羅の関係は良好とはいえなかったとみられる。

鉄の入手経路

その後は、狗奴国との争いや卑弥呼死後の混乱のせいか、新羅との紛争は伝わらないが、壱与とその後継者の時代になると、また倭人が新羅に侵入する事例がみえてくる。

「倭兵《わへい》」という表現が使われ、規模の大きな軍事行動であったように思われる。

儒礼尼師今《じゅれいにしきん》四年（二八七）夏四月　倭人、一礼部《いちれいぶ》を襲《おそ》い、火をはなちてこれを焼く。人一千を虜《とりこ》にして去る。

同六年（二八九）夏五月　倭兵《わへい》至るを聞きて、舟楫《しゅうしゅう》を理《おさ》め、甲兵《こうへい》を繕《つくろ》う。

同九年（二九二）夏六月　倭兵、沙道城《さどうじょう》を攻め陥《おと》す。

同十一年（二九四）夏　倭兵来りて長峯城《ちょうほうじょう》を攻む。

そして同十二年（二九五）春には、新羅王は百済とはかって倭を攻めようとするが、臣下の反対で、はたされないような事態になる。

その後、状況は一転して、基臨尼師今《きりんにしきん》三年（三〇〇）正月の倭国との交聘《こうへい》以降、新羅と倭国との友好関係が築かれる。ここにみえる倭国は、『記紀』に該当記事がないことからもヤマト王権とは考えられず、九州王権とみなければならない。

この関係はさらに婚姻へと進み、『三国史記』は、訖解尼師今《きつかいにしきん》三年（三一二）三月に「倭国王、使《つかい》を遣《つかわ》し、子《こ》のために婚《こん》を求む。阿飡急利《あさんきゅうり》の女《むすめ》を以《もつ》てこれに送る」と記している。この状態は、同三十六年（三四五）二月に「倭王、移書《いしょ》して交《こう》を断《た》つ」まで続くこととなるが、これについては後述する。

その後、両国の関係はふたたび険悪化する。『三国史記』では同三十七年（三四六）、「倭兵、にわかに風島《ふうとう》に至り、辺戸《へんこ》を抄掠《しょうりゃく》す。又《また》進みて金城《きんじょう》を囲み、急《はげ》しく攻む」と記している。さらに、奈勿尼師今《なこつにしきん》九年（三六四）にも、「倭兵、大いに至る。（中略）倭人、衆をたのみ直進す。伏せるを発してその不意を撃つ。倭人、大いに敗走す」という事態に至る。

これらは領土獲得を目的としたものではなく、掠奪《りゃくだつ》行為といっていい。いわば後世の倭寇《わこう》のような「海賊」である。しかし、「海賊」と「海商《かいしょう》」は紙一重《かみひとえ》であり、とすれば、ここで興味深いのは倭人と朝鮮半島との交易、具体的には『魏志』倭人伝の対馬国と一支国の記載である。
『魏志』倭人伝は、対馬国を「良田《りょうでん》無く、海物《かいぶつ》を食《しょく》して自活し、船に乗りて南北に市糴《してき》す」と記し、一大国（一支）については「差々《やや》田地あり、田を耕《たがや》せども、なお食するに足らず、亦《また》南北に市糴す」と記している。つまり、食糧を交換のかたちで購入していたのである。その際の行き先は、南は九州本島、北は朝鮮半島であったろう。ということは、秦韓や新羅に侵攻した倭人としては、まずこのような対馬・壱岐の人々を考えるべきであろう。

さらに、鉄資源を求めて朝鮮半島に渡る場合もあったことは、前述の（60ページ）『魏志』韓伝の弁辰の項の「国《くに》、鉄を出《い》だす。韓《かん》、濊《わい》、倭《わ》、皆《みな》従いてこれを取る」から明らかである。そこには、弁辰では「諸市《しょし》の買うは皆《みな》鉄を用《もち》う。中国の銭《ぜに》を用いるが如《ごと》し」とあり、交易には鉄が使用されていたというから、倭人も特産品と交換して鉄を入手していたのであろう。

弁辰の鉄は楽浪郡と帯方郡にも供給されたが、貢物でなければ、それもまた交易によると思われ、楽浪郡や帯方郡の文物が鉄と交換されて弁辰に流入し、それがさらに倭にもたらされるという構図も思い描ける。

ちなみに、『三国史記』の語るところでは、辰韓は楽浪郡とも交渉があったらしいので、そこから、倭人も楽浪郡と接触するようになったのであろう。私は、倭と百済との交流が後れたことからみて（後述）、倭人が楽浪郡に至った経路は朝鮮半島西岸を航行するのではなく、辰韓や弁辰を経由した場合もあったと考えている。

中国からみた倭国

中国の人々が日本列島とその住人について、意識しはじめるのはいつからだろうか。倭人については後漢時代、王充《おうじゅう》（二七～九七年）撰『論衡《ろんこう》』に「周《しゅう》の時、天下太平にして、倭人来たりて暢草《ちょうそう》を献ず」「成王《せいおう》の時、越裳《えつしょう》は雉《きじ》を献じ、倭人は暢草を貢《こう》ず」「周の時は天下太平、越裳は白雉《はくち》を献じ、倭人は鬯草《ちょうそう》を貢ず。白雉を食《しょ》くし、鬯草を服用するも、凶《きょう》を除くあたわず」などと書かれている。

しかし、周の時代に日本列島の住人が中国まで行っていたかは判然としない。ただ、王充が生きていた紀元一世紀には、楽浪郡を通じて倭人についてはいくぶんか知られていたので、その知識によって書かれたのかもしれない。

この倭人を日本列島の住人に限定しないと考える説もあるが、紀元一世紀には、倭人といえば日本列島の住人とみられていたことは、『漢書』地理志の有名な記述「楽浪《らくろう》海中に倭人あり、分かれて百余国をなし、歳時《さいじ》を以《もっ》て来たりて献見すと云《い》う」から明らかだろう。

また、『山海経《せんがいきょう》』第十二「海内北経《かいだいほくけい》」には、「蓋《がい》国は鉅燕《きょえん》の南、倭の北にあり。倭は燕《えん》に属す」という記載がある。これは、『漢書』地理志に、

> 燕《えん》の地は尾《び》・箕《き》の分野《ぶんや》なり。武王《ぶおう》、殷《いん》を定め、召公《しょうこう》を燕に封ず。其《そ》の後三十六世にして六国と倶《とも》に王を称す。東に漁陽《ぎょよう》・右北平《うほくへい》・遼西《りょうせい》・遼東《りょうとう》あり、西に上谷《じょうこく》・代郡《だいぐん》・雁門《がんもん》あり、南に涿郡《たくぐん》の易《えき》・容城《ようじょう》・范陽《はんよう》、北に新城《しんじょう》・故安《こあん》・涿県《たくけん》・良郷《りょうごう》・新昌《しんしょう》、及《およ》び勃海《ぼっかい》の安次《あんじ》を得《え》、皆《みな》燕の分《ぶん》となす。楽浪《らくろう》・玄菟《げんと》も又宜《またよろ》しくこれに属すべし。

とあること（武帝が朝鮮半島に設置した楽浪郡と玄菟郡も燕に属する）を踏まえて、楽浪郡の

かなたにある倭も燕に属しているということであろう。

ただし、ここでいう「分野」とは中国の天文学の用語で、天空の区画を示すものなので、ここから倭が、たとえば戦国七雄《せんごくしちゆう》（春秋時代の有力な七国。秦・楚《そ》・斉《せい》・燕・趙《ちょう》・魏・韓）のひとつ、燕の支配下にあったということはできない。

これはまた、『漢書』地理志に、「楽浪海中に倭人あり、分かれて百余国をなし、歳時《さいじ》を以《もっ》て来たりて献見《けんけん》すと云う」に続けて、「危《き》の四度より、斗《と》の六度に至る、これを析木《せきぼく》の次と謂《い》い、燕の分なり」とあって、楽浪海中の倭人もまた天空では燕に属するといっていることに符合するのであろう。なお、尾《び》・箕《き》・危《き》・斗《と》は中国の星座名である。

楽浪郡への進出

楽浪郡は、前漢の武帝が朝鮮半島に置いた四つの郡（楽浪・真番《しんばん》・臨屯《りんとん》・玄菟《げんと》）のひとつで、郡治所は朝鮮県《ちょうせんけん》（現・北朝鮮の平壌《ピョンヤン》）に置かれた。郡の南部には南部都尉《なんぶとい》が置かれていた。楽浪郡設置以前の朝鮮半島には、「衛氏《えいし》朝鮮」と呼ばれる国家があった。司馬《しば》遷《せん》の『史記《しき》』には、

> 朝鮮王満《まん》はもと燕《えん》の人なり。始め全燕《ぜんえん》の時より、嘗《かつ》て略《ほ》ぼ真番《しんばん》・朝鮮を属し、吏《り》を置き、鄣塞《しょうさい》を築く。秦《しん》、燕を滅ぼして、遼東外徼《がいきょう》を属す。漢《かん》、興《おこ》りて、其《そ》の遠く守りがたきため、復《ま》た遼東の故塞《こさい》を修して、浿馬水《ばいばすい》に至りて界《かい》とし、燕に属さしむ。燕王盧綰《ろあい》、反して匈奴《きょうど》に入る。満の亡命するや、党千余人を聚《あつ》む。蛮夷《ばんい》の服を魋結《ついけつ》し、東走して塞《さい》を出で、浿水《ばいすい》を渡る。秦の故地《こち》、上下鄣《じょうげしょう》に居《きょ》し、稍《や》や役して、真番・朝鮮の蛮夷《ばんい》及び故燕《えん》・斉《せい》の亡命者を属し、これに王たり。王険《おうけん》に都《みやこ》す。

とある。

これは、燕王の盧綰が前漢に反旗をひるがえして滅ぼされた動乱期に、燕の衛満《えいまん》（朝鮮王満《まん》）が浿水（鴨緑江《おうりょくこう》）を渡って朝鮮に入り、現地の住民（真番・朝鮮の蛮夷）や燕・斉の亡命者を従えて、王険を都として、その王となったということらしい。

もともと朝鮮は燕の支配地だったが、前漢は浿馬水（鴨緑江）より内部を燕に属させ、朝鮮の支配は放棄していったので、そこに衛満が入っていったわけである。このとき、衛満に敗れた朝鮮王の準が馬韓の地に逃れ、その地を支配したことはすでに述べた。

　このようにして成立した衛氏朝鮮は紀元前一〇八年、前漢の武帝によって滅ぼされる。武帝は紀元前一〇九年に陸海から衛氏朝鮮を攻めたが、朝鮮王の右渠《うきょ》は五万の大軍を迎え撃ってこれを破り、七〇〇〇人の海軍も撃破した。しかし、その後、朝鮮の大臣や将軍で前漢に降《くだ》る者が出て、一〇八年に右渠は暗殺され、ここに衛氏朝鮮は滅亡した。その後、武帝は朝鮮の故地《こち》に楽浪・真番・臨屯・玄菟の四郡を置いて、直接支配に乗り出す。

　この朝鮮四郡のうち、真番・臨屯は始元《しげん》五年（紀元前八二）に廃止され、臨屯郡北部の六県と玄菟郡の一県が楽浪郡に編入された。これを「嶺東《れいとう》七県」といい、そこを管轄する組織として東部都尉《とうぶとい》が置かれた。

　その後、玄菟郡は段階的に縮小移転し、結果、楽浪郡は二五県を抱えるようになった。この拡大した楽浪郡を、草創期の楽浪郡に対して「大楽浪郡《だいらくろうぐん》」ともいう。『漢書』地理志には、戸数は六万二八一二戸、人口は四〇万六七四八人と記載されている。平壌郊外の貞《てい》柏洞《はくどう》三六四号墳で発見された「楽浪郡初元四年県別戸口簿《らくろうぐんしょげんよねんけんべつここうぼ》」によると、二五県の初元四年（紀元前四五）の戸数は四万三二五一戸、人口は二八万三三六一人であった。

このような趨勢《すうせい》を背景に、やがて倭人が楽浪郡に姿をあらわすようになる。『漢書』地理志が記すのは、この時期のことである。そのような、倭の諸国と楽浪郡との交渉を考古学から証明しているのが、北部九州の甕棺墓《かめかんぼ》から出土する前漢鏡《ぜんかんきょう》である。

王莽《おうもう》が八年、前漢王朝を簒奪《さんだつ》して新《しん》を立てると、楽浪郡は楽鮮郡《らくせんぐん》と改称され、諸県の名称も変更されたが、倭人との交渉は継続したようだ。これは、新で発行された貨幣の貨泉《かせん》（写真5）が日本列島から出土していることからもいえよう。

その後、後漢の時代になって、倭人はふたたび楽浪郡を通じて中国の王朝とかかわり、その都《みやこ》にまで朝貢の使節を派遣し、金印を賜ることとなる。

公孫氏の台頭

『三国史記』新羅本紀に倭人が海を渡り朝鮮半島南東部に来ていたと記されている頃、朝鮮半島北部から遼東半島あたりで、あらたな動きがあった。公孫《こうそん》氏の台頭である。『魏志』韓伝に、次のようにみえる。

> 建安《けんあん》（一九六～二二〇）中、公孫康《こうそんこう》、屯有県《とんゆうけん》以南の荒地を分けて帯方郡となし、公孫《こうそん》模《も》・張敞《ちょうしょう》を遣《つかわ》して遺民《いみん》を収集し、兵を興《おこ》して韓《かん》・濊《わい》を伐《う》たしむ。旧民、稍《やや》、出《い》ず。是《こ》の後、倭・韓、遂《つい》に帯方に属す。

最後の「倭・韓、遂に帯方に属す」とはそれ以降、倭や韓の人々が帯方郡に来て貢納をおこなったということであろう。

ただし、韓・濊を征服後に倭と韓が帯方郡に属したというのは、やや整合性に欠けるので、「倭」は「濊」のまちがいの可能性もないわけではない。燕が倭にまで出兵したことは立証されていないから、その逆はありえないであろう。倭が帯方郡に政治的に支配されていた状況は想定できないことはいうまでもない。なお二一九年には、公孫康が高句麗に侵攻している。

このとき、倭では卑弥呼を戴《いただ》く王権が成立しており、帯方郡との外交は個々別々におこなわれたのでは

写真5　貨泉《かせん》

原の辻遺跡から出土。「貨」と「泉」の文字が鋳出されている

写真6　金錯銘花形飾環頭《きんさくめいはながたかざりかんとう》大刀《たち》

東大寺山《とうだいじやま》古墳(古墳時代前期)から出土した鉄刀。年号である「中平《ちゅうへい》(184～189年)」を含む24文字が金象嵌《きんぞうがん》されている(東京国立博物館蔵)

なく、卑弥呼の名のもとに倭国政権がおこなったとみるべきであろう。つまり、帯方郡を通じて卑弥呼の王権は一元的に文物を入手することになったのである。建安中とあるから、卑弥呼が倭の女王に共立されて一〇年ほどのちのことだ。以後、四〇～五〇年間、卑弥呼は公孫氏との外交を展開したはずだが、それについての文献史料はほとんどない。

ということは、卑弥呼が魏への朝貢以前に日本列島にもたらされたとみられる中国系の文物が、公孫氏を通じてのものであったと考えることもできるかもしれない。

具体的には、東大寺山《とうだいじやま》古墳(奈良県天理《てんり》市)から出土した中平《ちゅうへい》(一八四～一八九)の年号の銘文を持つ鉄刀(写真6)、安満宮山《あまみややま》古墳(大阪府高槻《たかつき》市)や大田南《おおたみなみ》五号墳(京都府京丹後《きょうたんご》市)出土の青龍《せいりゅう》三年(二三五)の紀年鏡《きねんきょう》などである。

しかし、これらは発見されたところにもたらされたとは即断できないのであって、どこにもたらされ、どのように伝えられたかはほとんどわからない。三角縁神獣鏡《さんかくぶちしんじゅうきょう》にくらべて、卑弥呼の使者が魏に派遣された景初以前の年号を持つ遺物の考察は、まだ遅れているように思う。魏と通交する以前の卑弥呼や九州王権については今後の研究課題といえる。

次章では、九州王権をめぐる宗教的環境とはいかなるものであったかを考えてみたい。

第五章　祭祀と神話

九州王権の宗教的環境

はたして、九州王権の宗教的環境はいかなるものだったのだろうか。これを探ることは、呪術・宗教的権威で倭国の最高首長の位置に立っていた、卑弥呼の存在基盤を明らかにすることでもある。

卑弥呼の宗教的姿は、『魏志』倭人伝に「鬼道《きどう》に事《つか》え、能《よ》く衆《しゅう》を惑《まど》わす」とあるのみで、いまひとつ判然としないが、「年已《としすで》に長大なるも、夫壻《ふせい》無く」とあるから、伊勢《いせ》神宮（三重県伊勢市）の斎王《さいおう》のような、神に仕える未婚女性のイメージはうかがえる。ただ、どのような神に仕えたのかはわからない。また、「婢《はしため》千人を以《もつ》て自ら侍《はべら》せしむ」とあるが、この婢は単なる召使《めしつかい》ではなく、巫女《みこ》集団であった可能性も考えられる。

ヤマト王権でも宮廷巫女が存在していたことは、『日本書紀』の断片的な記事から推測できるし、奈良時代には神祇官《じんぎかん》の八神殿《はっしんでん》に奉仕する御巫《みかんなぎ》五人をはじめとして、座摩《いかすり》・御《み》門《かど》・生島《いくしま》ら神々に仕える巫女が一人ずついたという。

伊勢神宮では、内宮《ないくう》に九人（うち二人は童男《どうなん》）、外宮《げくう》に六人の物忌《ものいみ》という童女《どうじょ》がいて、おもに神饌《しんせん》の供進《きょうしん》に従事していた。内宮はもともと宮中でおこなっていた天照大神《あまてらすおおみかみ》の祭祀を移したものであるから、これもまた宮廷巫女の名残と考えていいだろう。

　卑弥呼がなにがしかの神を祀《まつ》っていたとすれば、このような巫女がサポート役として従っていたことは十分にありうる。

　なお、ヤマト王権の祭祀から九州王権を推定するのには無理があるという意見もあるかもしれないが、ヤマト王権が九州起源であったことと祭祀形態の保守性から考えて、ヤマト王権の祭祀のあり方には九州地域でおこなわれた形態が存続している可能性は否定できない。本書では、その見通しに立って考えていきたい。

占いと呪術師

　前項で触れた、『魏志』倭人伝の「婢千人」はどう考えたらいいのか。人数が多すぎるようにも思える。『隋書《ずいしょ》』倭国伝《わこくでん》には「後宮《こうきゅう》に女六七百人あり」とあり、大王《おおきみ》には多くの女性が仕えていたらしい。それは当時の大王が女帝（推古天皇）であったからではなく、吉川真司《よしかわしんじ》氏（京都大学大学院教授。著書に『飛鳥の都』など）の考証によれば、もともと宮中は大王と女性との空間であり、それゆえ多くの人数を必要としたらしい。

とすれば、卑弥呼が婢一〇〇〇人にかしずかれていたというのも、実数であるか否《いな》かは別として、単に宗教的な性格だけのものではなかったのではないか。

そもそも、卑弥呼はみえない王だったのだから、その宗教的役割も判然としないのがあたりまえであり、『魏志』倭人伝も十分な情報を与えてはくれない。そこで、目先を変え、当時の倭人社会の宗教的環境をみてみよう。『魏志』倭人伝には、次のようにある。

其《そ》の俗《ぞく》、挙事行来《きょじこうらい》に、云為《うんい》する所《ところ》あれば、輒《すなわ》ち骨を灼《や》きて卜《ぼく》し、以《もっ》て吉凶を占《うらな》い、先《ま》ず卜する所を告《つ》ぐ。其の辞《じ》は令亀《れいき》の法の如《ごと》く、火坼《かたく》を視《み》て兆《ちょう》を占う。

骨を焼いて占いをおこなった形跡は長崎県壱岐市の原の辻遺跡やカラカミ遺跡などからも出土しており（写真7）、のちにヤマト王権は壱岐・対馬の卜占者《ぼくせんしゃ》を宮中神事に起用している（『延喜式《えんぎしき》』神祇《じんぎ》には伊豆《いず》出身の卜占者もみえる）。このことを考えれば、卜骨《ぼっこつ》の風習は『魏志』倭人伝の時代からこの二カ所（壱岐・対馬）に顕著だったのか、倭国全域でおこなわれていたかは即断できないように思われる。

中国への航海に際しては特別な呪術師がいたようだ。彼は頭髪をとかず、虱《しらみ》を取らず、衣服も汚れたままにして肉食もせず、女性を近づけずに、喪中のような生活をして、航海が吉善ならば生口と財物を与えられ、災難にあえば殺されかけたという。

この行為または人を「持衰《じさい》（76ページ）」というと『魏志』倭人伝にあるが、のちに精《しょう》進潔斎《じんけつさい》して神に祈る行為と同様であって、その背後には海の神の存在が考えられる。

写真7　卜骨《ぼっこつ》

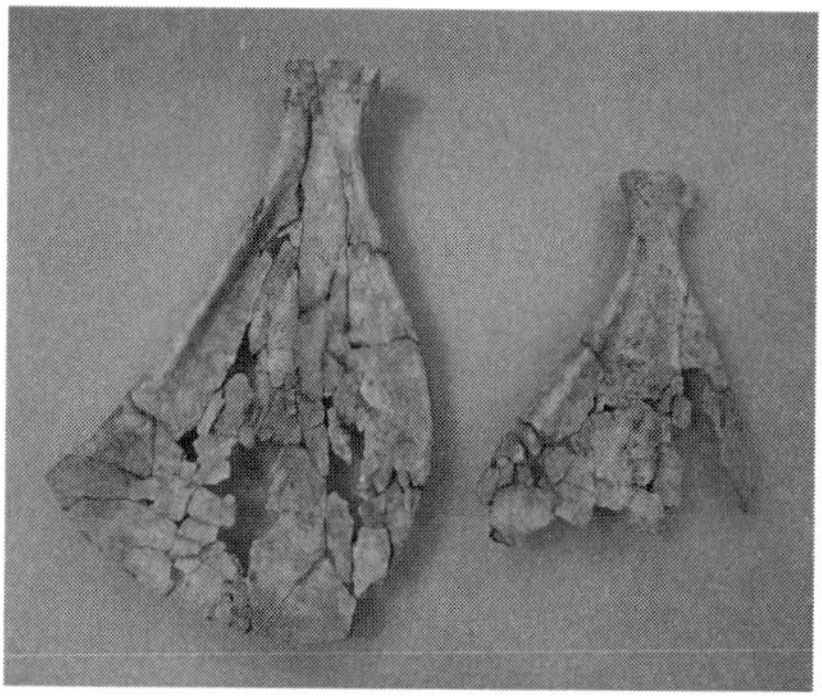

原の辻遺跡から出土。焼いた木の棒を押しあてた時についた黒斑《こくはん》が残っている

三つの神々

次に、倭人がどのような神を崇拝していたのかをみてみよう。

倭人がいかなる神を崇拝していたかは、『魏志』倭人伝に記されていないが、九州王権の版《はん》図《と》内で祀られている神々から推測することは可能である。たとえば、伊都国では、その王家の始祖とされるヒボコが信仰の対象とされていたようだ。

そのなかで特に注目したいのが、いずれも現在まで玄界灘沿岸で信仰されている住《すみの》吉《え》・綿津見《わたつみ》（ワタツミ）・宗像《むなかた》の三種の海神《かいじん》である。このうち、住吉とワタツミはともに博多湾を舞台にした海神で、『記紀』によれば、イザナギの禊《みそぎ》の際に同じ場所で出現したことになっている。『古事記』は次のように記す。

次に水底《みなそこ》に滌《すす》ぎし時に成《な》れる神の名は、底津綿津見神《そこつわたつみのかみ》。次に底筒之男命《そこつつのおのみこと》。中に滌ぎし時に成れる神の名は、中津綿津見神《なかつわたつみのかみ》。次に中筒之男命《なかつつのおのみこと》。水の上に滌ぎし時に成れる神の名は、上津綿津見神《うわつわたつみのかみ》。次に上筒之男命《うわつつのおのみこと》。この三柱の綿津見神は、阿曇連《あずみのむらじ》等が祖神《うぶすな》といつく神なり。故《ゆえ》、阿曇連等は、其《そ》の綿津見神の子、宇都志日金拆《うつしひかなさく》命《みこと》の子孫なり。其の底筒之男命、中筒之男命、上筒之男命の三柱の神は、墨江《すみのえ》の三前《みさき》の大神《おおかみ》なり。

もともと九州出身で大和に移動した神武《じんむ》天皇を祖とするヤマト王権が伝えた神話には、

九州起源のものが多く含まれ、東遷《とうせん》（東征《とうせい》）以前に九州で伝えられていたものを伝えている場合もあると考えられる。したがって、そこから九州王権の宗教的雰囲気を知ることができる。

住吉の神、すなわち住吉《すみのえ》三神《さんしん》（72ページ）は住吉《すみよし》大社（大阪府大阪市）が有名で、その起源を同地に求める見解もあるが、私は『記紀』の所伝を尊重し、もともと北部九州の神であって、九州の住吉《すみよし》神社（福岡県福岡市）が最古であろうと考えている。「博多古図《はかたこず》」によれば、住吉神社は博多湾の奥に突出した岬《みさき》に位置しており、奴国の地に祀られていた。さらに、壱岐と対馬にもあり、神の名「筒之男《つつのお》（ツツノヲ）」は、対馬にある地名「豆酘《つつ》」にもとづくという田中卓氏の見解もある。とすれば、朝鮮半島からの航路を考えても、航海に際して祈られたのは、住吉の神とみるのが妥当であろう。

いっぽうワタツミの神は、『先代旧事本紀《せんだいくじほんぎ》』陰陽本紀《いんようほんぎ》に「阿曇連《あずみのむらじ》等が斎《いつ》き祠《まつ》る筑紫の斯香《しか》の神」とある。「斯香」とは志賀島のことで、現在も志賀海《しかうみ》神社（福岡県福岡市の志賀島）に祀られている。

これに対して、宗像の神、すなわち宗像三女神《むなかたさんじょしん》（田心姫《たごりひめ》・湍津姫《たぎつひめ》・市杵島姫《いちきしまひめ》）が宗像《むなかた》大社

（福岡県宗像市）に祀られていることはよく知られており、高天原《たかまがはら》でアマテラスとスサノヲが誓約をしたときにスサノヲの剣《つるぎ》から生まれたとされる。

これら三種の海神は玄界灘沿岸という狭い範囲に分布しているが、おおまかにいえば、住吉の神は奴国から壱岐・対馬にかけて信仰圏を有し、ワタツミの神は志賀島を中心とした海人集団の信仰を集め、宗像の神は不弥国を中心に信仰されていたとみられる。

ただし、このような分布が古くからのものであったかというと、そうともいえない。このことと関連するのが、神武天皇の東征である。

神武東征の出発地はどこか

神武天皇の東征については、まずその出発点の問題がある。通例それは日向、今の宮崎県の地とされる。しかし弥生時代に、のちのヤマト王権の起源となるような勢力が同地にあったとは考えにくい。では、神武天皇はどこから出発したのだろうか。

ここで注意したいのが行程である。日向を出発した神武一行はまず宇佐《うさ》（現・大分県宇佐市）に立ち寄り、足一騰宮《あしひとつあがりのみや》（同市）で地元のウサツヒコ、ウサツヒメから歓待され、次いで関門海峡を通過して岡水門《おかみなと》（福岡県遠賀郡芦屋《あしや》町）に至る。そこから瀬戸内海に出て、多祁理宮《たけりのみや》（広島県安芸《あき》郡府中《ふちゅう》町）、高島宮《たかしまのみや》（岡山県岡山市）を経て、浪速《なにわ》（現・大阪府大阪市）に向かう。その間に通過した「速吸《はやすい》の門《と》」について、『古事記』は明石《あかし》海峡、『日本書紀』は豊予《ほうよ》海峡と解している。

問題は瀬戸内海を東に向かうにもかかわらず、いったん関門海峡を通って岡水門に寄港していることである。岡水門は福岡県を北へ流れる遠賀川《おんががわ》の河口部で、『筑前国風土記』の逸文に「県《あがた(こおり)》の東の側近に大江《おおえ》の口《くち》あり。名を塢舸《おか》の水門《みなと》と曰《い》う。大船《おおふね》を容《い》るるに堪《た》えたり」とみえ、天然の良港であったらしい。現在、その近くには岡湊《おかみなと》神社が鎮座している。ちなみに同神社は一時、牛頭天王《ごずてんのう》を祀る祇園社《ぎおんしゃ》であったらしい。

これは遠回り以外のなにものでもないが、このような不自然なルートをあえて記さなければならないほど、岡《おか》の地と神武天皇との結びつきが強かったのであろう。

このことから、私は、神武天皇の出発地は岡からさらに西の玄界灘沿岸ではないかと想定したことがある。しかし、もし出発地が別にあったとすれば、その地はかならずや神武の寄港地というかたちで伝えられていたはずである。そう考えると、岡水門こそ、神武一行の出発地であったと考えられないであろうか。

かつて鳥越憲三郎《とりごえけんざぶろう》氏（大阪教育大学名誉教授、故人。著書に『大いなる邪馬台国』など）は、物部氏の故郷として遠賀川下流域を想定した。しかし、流域に物部氏ゆかりの地名があるからといって、そこを発祥地とみなすのは早計に思われる。なぜなら、物部氏の九州への勢力拡大によるものとも考えられるからである。第七章で触れる磐井《いわい》の乱の鎮圧に物部麁鹿火《あらかひ》が活躍しているように、その可能性は高い。

そもそも、物部氏は最初から物部氏を名乗っていたわけではない。「物部」とは治安・警察に従事する人間集団のことであって、河内《かわち》に拠点を持つニギハヤヒの子孫がその集団を管掌するようになって物部氏といわれるようになったのである。それは、ニギハヤヒの子孫・十千根《とおちね》が垂仁天皇の時代に石上神宮の神宝《しんぽう》をつかさどるようになってからであろう。

このようにみてくると、神武天皇の故地は遠賀川下流と考えられるのである。

海神信仰

神武天皇の東征には、のちの大伴氏と久米《くめ》氏が参加していた。このなかで大久米命《おおくめのみこと》が目に入れ墨をほどこしていたことが、『古事記』からうかがえる。

なお、目への入れ墨は「阿曇目《あずみめ》」と呼ばれたことが、『日本書紀』履中《りちゅう》即位《そくい》前紀《ぜんき》に記載されている。どうも、久米氏と阿曇《あずみ》（安曇）氏は共通した習俗を持っていたようだ。神武天皇は母が海神の娘・豊玉姫《とよたまひめ》だが、この海神は南部九州の神話にもとづくため、北部九州の海神との関係がいまひとつはっきりとしない。

もし、この海神がワタツミの神なら、遠賀川流域にも阿曇一族の祀る海神信仰が広がっていたことになるが、確証はない。ただ、神武天皇らも海神信仰を有していたことはうかがえるので、なんらかの海神が遠賀川下流域で崇拝されていたとはいえよう。少なくとも、その神は男神《おがみ》であったらしいので、女神《めがみ》である宗像の神でないことだけは明らかであろう。

このように考えると、北部九州の海神ではっきりしているのは、もともと住吉の神と阿曇氏が祀るワタツミの神であって、前者は現在の博多から壱岐・対馬にかけて分布し、後者は志賀島から博多湾周辺におよんでいた。対して、遠賀川流域で神武天皇につながる人々に信仰されていた神は明確ではないが、宗像の神ではなく、その地域が神武一行の移動によって空白地帯となったあとに、新しく入ってきたのが宗像の神だったのではないだろうか。

宗像の神は、宗像三女神がスサノヲの子とされていることや、そのなかの田心姫《たごりひめ》が『古事記』では大国主命《おおくにぬしのみこと》（大国主神《おおくにぬしのかみ》）と結婚したと記されていることとともに、宗像三女神を祀る宗像《むなかた》氏（宗形氏）は大国主命の六世の孫・吾田片隅命《あたかたすみのみこと》の子孫といい、出雲との関係が深い。あるいは、出雲の神が北部九州に移ってきた可能性もあるように思う。

天地創造の神話

九州王権がどのような神話を持っていたかを直接知る手立てではない。ただ、『日本書紀』顕宗《けんぞう》三年（四八七年頃か）の一連の記事から、五世紀末頃に九州で伝えられていた「神話」の一端は知ることができる。それは、次のような内容である。

顕宗三年二月丁巳《ていし》条に、阿閉臣事代《あへのおみことしろ》が任那に派遣されたとき、月神《つきのかみ》が人にかかって、

「我が祖高皇産霊《たかみむすび》」には「天地《あめつち》を鎔造《ようぞう》」した功があり、月神に民地を献《たてまつ》ることを請うたので、山背《やましろ》国葛野《かどの》郡の歌荒樔《うたあらす》田を献上し、壱岐県主《あがたぬし》の祖押見宿禰《おしみのすくね》に祀らせたという。

また、顕宗三年四月庚申《こうしん》条には、今度は日神《ひのかみ》が人にかかって、阿閉臣事代に磐余《いわれ》田を「我が祖高皇産霊」に献《たてまつ》れと述べたので、その田を献上し、今度は対馬下県直《しもあがたあたい》に祀らせたという。

阿閉臣事代は壱岐と対馬で、それぞれ地元の神の託宣を受けて、朝廷に取り次いでいたのである。この神とは、『延喜式』神名帳《じんみょうちょう》にみえる、壱岐の月読《つきよみ》神社（現・長崎県壱岐市の月讀《つきよみ》神社）と対馬下県《しもあがた》郡の阿麻氐留《あまてる》神社（同県対馬市）であろう。

なお、『先代旧事本紀』天神本紀《てんじんほんぎ》によると、対馬県主は天日神命《あめのひみたまのみこと》、壱岐県主は月《つきの》神命《みたまのみこと》が始祖という。すなわち日神・月神（日月神《にちげつしん》）が両氏の祖先神であり、なんらかの理由で祭祀が途絶え、財源もなくなっていたので、その復活を求めた行為であったと考えられる。

両島の首長である壱岐県主と対馬県主は、『魏志』倭人伝にみえる一支国と対馬国の卑《ひ》狗《く》（ヒク＝ヒコ）につながることが推定される。つまり、一支国と対馬国では、それぞれの王に相当するヒコが日月神の祭祀をおこなっていたと考えられるのである。
興味深いことに、いずれの場合も「我が祖高皇産霊」と述べており、月神の託宣では高皇産霊は「天地を鎔造」したともいっている。つまり、この時期に九州では、高皇産霊が日月神の親であり、天地鎔造つまりは天地創造の神であるという神話が語られていたのだ。

もちろん、この神話が三世紀までさかのぼるかは明言できない。しかし、重要なのは、高皇産霊はヤマト王権の神話にも登場し、五世紀末の九州の神話と『記紀』が伝える神話は共通性が認められることである。ヤマト王権が北部九州起源であるとすれば、ふたつの神話は共通の基盤から分かれたものであって、そのルーツは北部九州にあると考えるべきであろう。ヤマト王権が九州からもたらした神話を検討することで、九州王権の神話を推測できるのではないかという見通しがあらわれたのである。

なお、『延喜式』神名帳にみえる九州の古社を検討すると、西海道《さいかいどう》（九州）の神は全部で一〇七座、うち大は三八、小は六九である。国別では筑前国が一九座、筑後国が四座、豊前国が六座、豊後国が六座、肥前国が四座、肥後国が四座、日向国が四座、大隅《おおすみ》国が五座、薩摩《さつま》国が二座、壱岐国が二四座、対馬国が二九座である。

壱岐と対馬に多いのが目にとまるが、これはおそらく、顕宗三年の両島の神の託宣となんらかの関連があると思われる。

九州王権の祖先神

『記紀』神話から九州王権の神話を探り出せるという見通しに立って眺めると、あらためて『記紀』神話には九州を舞台にしたものが多いことに気づく。

代表的なものに、『古事記』が伝える三貴子《さんきし》（アマテラス・スサノヲ・ツクヨミ）の誕生がある。これらの神々は、黄泉《よみ》の国から帰還したイザナギノミコトが、「筑紫《つくし》の日向《ひむか》の橘《たちばな》の小戸《おど》の阿波岐原《あはきがはら》」で禊《みそぎ》をした際に誕生したという。筑紫とあるから九州であることは明らかだ。

ただし私は、スサノヲは出雲の神であり、筑紫で生まれたのではないと考えている。このとき誕生したのは、日神・月神の二神であったと思う。すでに述べたように、三貴子だけではなく、住吉の神とワタツミの神もこのときに生まれている。また、イザナギノミコトは淡路島《あわじしま》の神であったと思われる。『日本書紀』履中《りちゅう》五年九月壬寅《じんいん》条に、淡路島で天皇が狩りをしたときに、島の伊弉諾命《いざなぎのみこと》が祝《はふり》に託宣して飼部《うまかいべ》の入れ墨の血の臭気が耐えられないと訴えたとあり、本来は淡路島の島神《しまかみ》であって、履中天皇の頃にはまだ皇祖神《こうそしん》のあつかいを受けていなかったようにみえる。

　では、日月神は誰から生まれたのか。

　その疑問を解くのが、さきにみた『日本書紀』顕宗三年の記事である。そこでは、高皇産霊神が日月神の祖と書かれている。つまり、九州には日月神や海神はタカミムスビが生んだという神話があり、九州を起源とするヤマト王権も、もとはそうだったのだろうと思われる。

　じつは、日月神の誕生についてはもうひとつ説がある。『日本書紀』本文などは、日月神やスサノヲは、イザナギ・イザナミノミコトが大八州《おおやしま》（淡路・伊予《いよ》・隠岐《おき》・筑紫・壱岐・対馬・佐渡《さど》・大倭豊秋津島《おおやまととよあきつしま》の八島。つまり日本列島）と山川草木《さんせんそうもく》を生んだあとに「天下の主者」として生んだという説で、もっとも筋がとおっている。当然、その場所は国生《くにう》みをしたオノゴロ島であろう。このように、淡路島を中心とする大阪湾地域にも日月神の誕生神話があったように思えるが、本章が対象としている九州王権の神話からは外れるので、これ以上は追究しない。

それでは、日月神・ワタツミ・住吉の神が生まれた「筑紫の日向の橘の小戸の阿波岐原」とはどこなのであろうか。

これを神話上の場所と解釈して、実在の地名ではないとする見方もあるが、私は、古代人はやはり具体的な場所を考えていたのではないかと思う。たとえば高天原のような抽象的な名前ではなく、具体的な地名となっているのはそれゆえであろう。そのように考えるときに注目されるのが、明治・大正期の歴史学者久米邦武《くめくにたけ》氏（元・東京帝国大学教授、故人。著書に『古文書学講義』など）による次の指摘である。

> 今の香椎宮《かしいぐう》の近所に立花山《たちばなやま》といふのがあって、柳川《やながわ》藩主の立花《たちばな》家は其《そ》の領主の子孫であります。そこは元は入海《いりうみ》であったらしく、その入海のあたりに青木《あおき》村といふのがあります。これが即《すなわ》ち橘《たちばな》の小戸《おと》の檍《あおき》が原《はら》に相違ないと思ひます。（久米邦武著『日本古代史と神道との関係』）

日月神は博多湾沿岸の香椎《かしい》（福岡県福岡市）で誕生したというのである。とするならば、同地は古代九州の人々にとって、神々誕生の聖地であったといってよい。

ここで生まれた日月神は対馬・壱岐に、住吉の神は奴国の地である現在の住吉神社に祀られ、ワタツミの神は志賀島に祀られたのである。ただ、ワタツミの神は本来、志賀島の神であったかもしれず、前述のように、住吉の神も「ツツノヲ」という名が対馬の豆酘《つつ》と関係があるとすれば、もとは対馬の神であった可能性が高い。「橘の小戸の檍が原」は、これらの神々が誕生した場所として、九州王権が成立するなかで設定されてきた可能性もある。

このように、九州王権ではタカミムスビを神々の祖先神とする、天上の神々に関する神話が語られており、卑弥呼はそのような宗教的環境にいたと推測できる。

ヤマト王権後の神々

九州王権が伝える神々は後世まで祀り続けられたのだろうか。

『延喜式』神名帳にみえる神社、いわゆる式内社《しきないしゃ》のなかで、末盧国にあたる肥前国松浦郡には田嶋坐《たじまにいます》神社（現・佐賀県唐津市の加部島《かべしま》の田島《たじま》神社）と志々伎《ししき》神社（長崎県平戸《ひらど》市）、伊都国にあたる筑前国怡土郡には志登《しと》神社（福岡県糸島市）、奴国があったと思われる那珂郡には八幡大菩薩筥崎宮《はちまんだいぼさつはこざきぐう》（現・同県福岡市の筥崎宮《はこざきぐう》）と住吉神社（同市）、糟屋郡には志賀島の志加海神社（現・同市の志賀海神社）があり、私が不弥国と考えている宗像郡には宗像神社（現・同県宗像市の宗像大社）と織幡《おりはた》神社（同市）がある。

このうち、筥崎宮は後世のものと思われ、織幡神社も『日本書紀』応神紀《おうじんき》にみえる呉《ご》からの縫工女《きぬぬいめ》の渡来とかかわりがあると思えるので、古くはさかのぼれないだろう。また、田島神社の祭神は宗像三女神、志々伎神社は仲哀天皇の弟を祀るが、いずれも『魏志』倭人伝の時代まではさかのぼれそうにない。

志登神社の現在の祭神は、豊玉姫命《とよたまひめのみこと》・和多津見神《わたつみのかみ》・息長帯姫命《おきながたらしひめのみこと》・彦火火出見尊《ひこほほでみのみこと》・武内宿禰命《たけうちすくねのみこと》で、後世に祀られた神もあるだろうが、ワタツミ系の海神とみるのがよさそうである。こちらも、ヒボコを祖神としたらしい伊都国王、のちの怡土県主《あがたぬし》とは結びつかないようである。さらに、邪馬台国の故地と考えられる筑後国山門郡には、そもそも式内社が存在していない。

このように、ヤマト王権とその後身の律令国家は、壱岐・対馬を除けば、かつての九州王権の神々の祭祀を公的におこなうことはなかったようだ。では、九州王権にとって重要な神はまったく祀られなくなったのか。

その点で注目したいのが、筑紫《つくし》神社（福岡県筑紫野《ちくしの》市）の神である。『筑後国風土記《ちくごのくにふどき》』の逸文に、筑紫の語源を説明するなかで、次の伝説を載せている。

昔、この堺《さかい》（筑前と筑後の間にある山の坂）の上に麁猛神《あらくたけきかみ》あり。往来の人、半《なかば》は生き、半は死にき。其《そ》の数極《ご》く多《さわ》なりき。因《より》て人の命の尽《つくし》の神《かみ》と曰《い》いき。時に、筑紫《つくしの》君《きみ》・肥君《ひのきみ》等占《うら》えて、筑紫君等が祖、甕依姫《みかよりひめ》を祝《はふり》となして祭《まつ》らしめき。これより以降、路《みち》行く人、神に害《そこな》われず。是《これ》を以て筑紫神《つくしのかみ》という。

この神は、筑紫神社の神と考えられている。交通を妨害する神を祀った伝説は、『播磨《はりまの》国風土記《くにふどき》』における揖保《いぼ》郡枚方《ひらかた》里の神尾山《かみおやま》の出雲大神《いずものおおかみ》の例などがある。筑紫の場合は土地の神であるらしく、それがヤマト王権から九州支配を任じられた国造《くにのみやつこ（こくぞう）》と思われる筑紫君と肥君によって祀られていることをみると、征服者が祟《たた》りをなす被征服者の神を祀る出雲や三輪《みわ》の事例に思い至る。あるいは、この神こそ九州王権で崇拝されていた地域の有力神であった可能性もあるように思われる。

ヤマト王権が自分たちの信仰する神を九州に勧請《かんじょう》することもあったらしい。筑前国夜《や》須《す》郡は、ヤマト王権に最後まで抵抗した羽《は》白《しろ》熊鷲《くまわし》（後述）の本拠地と推定される地域だが、同地の於保奈牟智《おほなむち》神社（現・福岡県朝倉《あさくら》郡筑前《ちくぜん》町の大己貴《おおなむち》神社）の祭神は、出雲の大国《おおくに》主命《ぬしのみこと》（大己貴命《おおなむちのみこと》、大国主神）となっている。ここはもともと「三輪《みわ》」といわれた地域で、『日本書紀』神功摂政前紀《じんぐうせっしょうぜんき》にも三輪の神を祀ったとあるので、出雲の大国主神と大和の三輪の大物主神《おおものぬしのかみ》を同一神とみるようになってから、大国主神であるオホナムチを神社名とすることになったのであろう。

なお、邪馬台国朝倉市説を主張している安本《やすもと》美《び》典《てん》氏（元・産業能率大学教授。著書に『新版 卑弥呼の謎』など）によれば、福岡県朝倉市・朝倉郡周辺には、「三輪」以外にも奈良盆地と同じ地名が分布しているという。

具体的には、笠置山《かさぎやま》・春日《かすが》・住吉《すみよし》・平群《へぐり》・池田《いけだ》・三井《みい》・雲堤《うなで》（畿内は雲梯）・長谷山《はせやま》・加美《かみ》（畿内は賀美）・朝倉《あさくら》・久留米《くるめ》（畿内は久米《くめ》）・三潴《みづま》（畿内は水間）・鷹取山《たかとりやま》（畿内は高取山）・天瀬《あまがせ》（畿内は天ヶ瀬）・玖珠《くす》（畿内は国樔《くず》）・上山田《かみやまだ》などが、相対的位置もほぼ同じに分布しているという。

興味深い指摘だが、三輪がヤマト王権の九州征服時の出来事に由来するという伝承も無視できず、ヤマト王権が九州王権を征服するなかでもたらした可能性も否定できないようにも思う。

ただ、これまで述べてきたように、『記紀』神話の原型が九州由来のものであるとすれば、『記紀』神話における天上の世界・高天原も、九州の人たちの思い描いた宗教的世界であったと考えられる。それが九州の具体的な地域を反映しているのではないかという考えが出てくるのはもっともなことである。「天《あめ》の安河《やすかわ》」などの地名から、朝倉あたりがそうであった可能性は高いように感じるが、さらに考察を深めていきたいと思う。

卑弥呼の鬼道と神がかり

このように、九州王権のもとでも複数の神々の登場する神話があり、それらの神々が信仰されていた様子がうかがえた。では、いわゆる卑弥呼の鬼道《きどう》とはいかなるもので、このような宗教環境といかなる関係があったのだろうか。

ここでも、ヤマト王権で巫女がはたした役割が問題を解くカギになる。神がひとつならば、神の意志を推《お》し量《はか》るのはさほどむずかしくはない。しかし、多くの神々がいる場合は、どの神の意志であるかを知るのは困難である。『日本書紀』には、その判定がいかにおこなわれたかを示す事例がある。

『日本書紀』が崇神天皇の時代の出来事として伝える、ヤマトトトヒモモソヒメの行動などが、その例である。それによれば、崇神七年二月辛卯《しんぼう》条に、神浅茅原《かむあさじはら》に八十《やそ》万神《よろずのかみ》を集めて占ったとき、大物主神がヤマトトトヒモモソヒメにかかり、天皇と問答したという。これは、神功皇后が香椎でおこなったのとまったく同じである。おそらく、これと同様に、さまざまな神の声を聴けたことが卑弥呼の宗教的能力だったのではないか。

もっとも、神がみずからの意志を表明する方法は、このような神がかりだけではなかったようだ。『日本書紀』には、天皇の夢に神があらわれて意志を伝える記事もみえる。卑弥呼にもそのような側面があったかもしれないが、そもそもその行動は秘密にされていたのだから、これ以上の推測は不可能である。

いずれにせよ、卑弥呼のこのような能力によって倭の約三〇の国々は結びついていた。それゆえに、彼女は倭国を政治的に統治していた弟よりも権威を持っていたのであって、それが彼女を対外的にも倭国王としたのであろう。

そのような求心力が失われると、倭国はふたたび混乱状態となる。その混乱は壱与の女王即位でいったんは収拾するが、次の世代あたりから、九州王権は東方から迫る脅威にさらされることになった。ヤマト王権の西進である。

第六章

ヤマト王権の侵攻と九州王権の滅亡

欲望の政権

九州王権が伸張・展開していた頃、九州を離れ新天地で新しい王権を形成した人々もいた。ヤマト王権は、そのような集団のひとつが作った王権である。ヤマト王権はやがて支配地域を広げ、日本列島全体に勢力を伸ばしていく。その経緯については既著でくわしく論じてきたので、本書では九州王権とのかかわりに絞って話を進めたい。

まず、ヤマト王権の支配地域との関係で指摘しておきたいのが、ヤマト王権の物質的欲望の強さである。なによりも、征服地からの宝物の収奪にこだわった。このことは、断片的に残っているヤマト王権の支配地拡大の伝承からもうかがえる。

『日本書紀』に記されている出雲のケースをみてみよう。これは、『記紀』神話の国譲《くにゆず》りの物語の原型にもなったと思われるものだ。

出雲には四隅突出型墳丘墓という特異な墓制を発達させた地域王権が存在したが、紆余《うよ》曲折《きよくせつ》のすえ、ヤマト王権の支配下に入った。その次第は『日本書紀』崇神六十年七月己《き》酉《ゆう》条に描かれているが、崇神天皇が群臣《まえつきみ》に「武日照命《たけひてるのみこと》〈一云武夷鳥《いちにいわくたけひなとり》、又云天夷鳥《またいわくあめのひなとり》〉の天より将《も》ち来《きた》る神宝、出雲大神宮《いずものおおかみのみや》（出雲大社の前身にあたるが所在地は未詳）に蔵《おさ》む。是《こ》れを見んと欲す」と言ったのが発端とされている。

武日照命は出雲氏の祖先で、天上から降臨したという天皇家と同様の起源神話を持ち、そのときに宝物を地上にもたらしたと信じられていた。天皇家の「三種《さんしゅ》の神器《じんぎ》（八咫鏡《やたのかがみ》・草薙剣《くさなぎのつるぎ》・八坂瓊曲玉《やさかにのまがたま》）」のようなもので、出雲の王権のシンボルだったのだろうが、それを欲しがったのである。

いきなり宝物を要求するというのがヤマト王権らしいと、私などは思ってしまうが、すでに吉備をおさえていたヤマト王権は、出雲に圧力をかけていたのであろう。

出雲では、ヤマト王権の要求をのむべきとする勢力と、あくまで抵抗すべきという勢力に分かれていたらしい。『日本書紀』によれば、抵抗派で宝物をつかさどっていた出雲振《いずものふる》根《ね》が筑紫に行っていた留守中に、弟の飯入根《いいいりね》が神宝を弟の甘美韓日狭《うましからひさ》と子の鸕濡渟《うかづくぬ》につけて貢上してしまったという。これによって、出雲はヤマト王権に屈したことになったわけだが、筑紫から帰ってきてこれを知った出雲振根は「数日、まさに待つべきを、何を恐《おそれ》てか、輙《たやす》く神宝を許す」と飯入根を責め、年月を経てもうらみがおさまらず、ついに飯入根を謀殺してしまう。このことを知った朝廷は吉備津彦《きびつひこ》と武渟河別《たけぬなかわわけ》を遣わして、出雲振根を殺し、出雲は完全にヤマト王権の支配下に入り、出雲の豪族は、出雲大神《いずものおおかみ》の祭祀まで遠慮するようになったという。

　但馬のケースも、やはり宝物への欲求が根底にある。このときは、垂仁天皇がアメノヒボコがもたらした宝物がほしいといいだすのだが、命じられた但馬諸助《たじまのもろすく》は出石《いづし》の小刀《こだち》だけは手元に置いておきたいと策を弄《ろう》したものの、見破られて差し出す羽目になってしまう。いただくものはすべていただくという、ヤマト王権の性格が露骨に出ている。

　同様のことは九州でも認められる。くわしくは次章で述べるが、仲哀天皇の遠征に際して、玄界灘沿岸の岡と怡土（伊都）の豪族が神宝である鏡・剣・勾玉《まがたま》を献上したと『日本書紀』は記し、怡土については『筑前国風土記』の逸文にも同様の話が載っている。

　このように、地方の王権から宝物を差し出させるというのが、ヤマト王権の地方征服の内実《ないじつ》であり、列島の至るところでみられたはずだが、後世まで伝えられたのはごく一部である。なお、収奪された神宝は石上神宮の神庫《ほくら》に蓄《たくわ》えられていった。

ヤマト王権の支配の特徴

ヤマト王権による収奪は征服時だけではなかった。これも史料が少ないが、ヤマト王権に早くに従って、奈良盆地各地の県主《あがたぬし》となった豪族は、その所領から朝廷に物品を貢納することとされていたようだ。

さらに後世のものだが、出雲の場合、国造《くにのみやつこ》の交替時に多くの品物が朝廷に献上される習慣が奈良時代まで続いていた。『延喜式』祝詞《のりと》には、そのときに朝廷に奉《たてまつ》る神賀詞《かむよごと》とともに献上する品物が記されている。「神賀詞」の奏上はそれほど古くはないという説もあるが、すでに国造制《こくぞうせい》が国司《こくし》・郡司《ぐんじ》制に変わり、律令の租税制度が確立している時代に、多くの品物を献上するのは、過去の遺制と考えざるをえない。

献上されたのは、玉六八枚、赤水精《あかすいしょう》八枚、白水精一六枚、青石玉四四枚、長さ二尺六寸五分の金銀装横刀《きんぎんかざりたち》一口《ふり》、径《けい》七寸七分の鏡一面、長さ一丈四尺・幅二尺二寸の倭文《しず》二端、それに白眼鴾毛馬《はくがんときげのうま》一疋《ひき》、白鵠《しろくぐい》二翼と御贄《みにえ》五〇舁《かき》という大量の品物であった。

出雲国造はヤマト王権の関係者が任命されたのではなく、地元の首長の系譜を引いているから、ヤマト王権に征服された側の負担を知るのにふさわしい例だと思うが、国造制の時代には、このような貢納が恒常的におこなわれていたと考えられる。まさに収奪といってよい。

物品の貢納はそれを製作する労働をともなうから、労働力の徴発になるわけだが、よりあからさまな形式でおこなわれることもあった。それが部民《べのたみ》の設定だが、その代表例が埴輪《はにわ》製作である。これは、出雲よりも早くにヤマト王権の支配下に入った吉備のあつかいとからんでくる。

三世紀頃と考えられる崇神天皇の時代、ヤマト王権は畿内からその周辺に向かって活発に勢力を拡大していった。それは四道将軍《しどうしょうぐん》（71ページ）の派遣というかたちで伝わっているが、まだ九州王権はその征服範囲に入っておらず、西は吉備が限界であったらしい。吉備を支配下に置いたことは、ヤマト王権飛躍のきっかけになったようだ。

現在、前方後円墳《ぜんぽうこうえんふん》以前の各地の墓制が明らかになってきている。それらは「弥生墳丘墓《やよいふんきゅうぼ》」といわれるが、前方後円墳を築造したヤマト王権の勢力がおよぶ以前の、各地域を考えるうえで重要なヒントとなっている。たとえば吉備では、楯築《たてつき》遺跡（岡山県倉敷《くらしき》市）などの墳丘墓がいとなまれ、「特殊器台《とくしゅきだい》（写真8）」といわれる土器を墳丘墓に設けていた。

ヤマト王権が前方後円墳を生み出したとき、吉備の特殊器台が使用された。このことは、最初の前方後円墳といわれる箸墓古墳に、吉備で製作されたと思われる特殊器台が使用されていたことからも明らかだ。吉備は特殊器台の貢納を強《し》いられたのである。私は以前、箸墓古墳の造営を江戸幕府の天下普請《てんかぶしん》になぞらえたことがあるが、実態はまさにそのようなものだったろう。

吉備に続いて出雲は、埴輪製作を担当する技術労働力を提供する役割を担わされた。『日本書紀』垂仁三十二年七月己卯《きぼう》条の形象埴輪《けいしょうはにわ》の起源をめぐる有名な物語のなかで、

写真8 特殊器台《とくしゅきだい》

弥生時代後期に吉備で生まれた筒型土器。のちに発展して円筒《えんとう》埴輪《はにわ》となる。写真は楯築《たてつき》遺跡出土の特殊器台(岡山大学蔵)

出雲から朝廷に出仕していた野見宿禰《のみのすくね》が出雲国の土部《はにべ》一〇〇人を召喚《しょうかん》して人馬等の埴輪を作ったことが出てくる。その後、野見宿禰は土部を管轄する職掌を与えられ、土部連《はじのむらじ》の始祖となった。これが土師《はじ》集団とそれを統括する土師《はじ》氏である。

吉備から製品を貢納させる方法から、出雲の技術者を中央に呼び製作させる方法に切り替えたわけだ。このように、各地方を征服して、その地の王権の持つ宝物を奪い、さらに恒常的に物的・人的資源を収奪するのが、ヤマト王権の支配の特質である。私は、このことがヤマト王権が勢力を強大化させた原動力にもなったと感じている。

九州王権と出雲勢力の連携

日本列島では邪馬台国の時代から、いや縄文時代から交易はおこなわれていた。そのような手段で交換されて流通している物品と、支配・被支配の関係で一方的に収奪されて中央に集積された物品を同じようにあつかってはならない。各地方で発見される遺物と、大和を中心としたヤマト王権のもとに集積されたかたちで見出される遺物は、その性格が大きく異なっているのである。

そのような収奪を可能としたのは、武力による征服と無関係ではないだろう。同じ王権でも、王が共立された九州王権の場合は、ヤマト王権のように配下の諸国に対して露骨な収奪をおこなうことはなかったと思われる。

このような性格を持つヤマト王権の拡大に直面して、九州王権の選択としては、同じくヤマト王権の圧迫を受けていたと思われる出雲との連携が考えられる。それをうかがわせるのが、さきの出雲がヤマト王権に服属した経緯を記した『日本書紀』にみえる、出雲大神の神宝をつかさどっていた出雲振根が筑紫に行っていた記述である。

崇神天皇の時代が三世紀半ばと推定されるので、この出来事もその頃とみていいだろう。この頃はヤマト王権の勢いが直接九州にはおよんでいないので、提携を必要とするのは出雲のほうだったかもしれない。

しかし結局、この提携は成功せず、出雲はヤマト王権に服属する道を選んだ。そしてヤマト王権は、山陽方面は吉備、山陰方面は出雲と、その支配地域を広げていった。いよいよ九州地方がヤマト王権の射程に入ってきたのである。それが具体的に動き出すのは、崇神天皇の孫、景行天皇の時代になってからであった。

景行天皇の九州遠征

『日本書紀』にみえる景行天皇の九州遠征は、いくつかの時期に分けて考えることができる。最初は四世紀初頭、九州東海岸に沿って南部九州の襲《そ》国（現・鹿児島県霧島《きりしま》市・曽於《そお》市あたりか）に至る時期である。この頃、九州では壱与の時代はすでに終わっていたと思われる。重要なことは、この遠征を通して、『魏志』倭人伝以後の九州の状況がうかがえることである。

『日本書紀』によれば、景行天皇は十二年九月五日、周防《すおう》に到着。対岸の九州北部に偵察を派遣し、豊前国の神夏磯媛《かみなつそひめ》の帰順を得たのちに、長峡《ながお》（現・福岡県京都《みやこ》郡苅田《かんだ》町、図4）に上陸したという。

一行は十月に碩田《おおきた》国（現・大分県大分市・別府《べっぷ》市）に至り、速見《はやみ》（現・同県別府市・速見郡、図4）で速津媛《はやつひめ》の出迎えを受け、彼女からの聞いた直入《なおり》（現・同県竹田《たけた》市、図4）と大《おお》野《の》（現・同県豊後大野《ぶんごおおの》市、図4）の「土蜘蛛《つちぐも》」を征討して、十一月には日向国に入り、高屋《たかや》（現・宮崎市西都《さいと》市、図4）に宮を構えることとなった。

そこで熊襲《くまそ》征伐を議し、イチフカヤを誅殺《ちゅうさつ》する。『日本書紀』によれば、十二月五日のことという。さらに『日本書紀』十三年五月には襲国を悉《ことごと》く平定し、現地のミハカシヒメを妃《ひ》としたという。熊襲のうち、襲の地を平定したのである。

この地域で顕著なことと私が考えるのは、東部九州において沿岸部と内陸部の勢力が対立している状況である。

図4 景行天皇の遠征行程

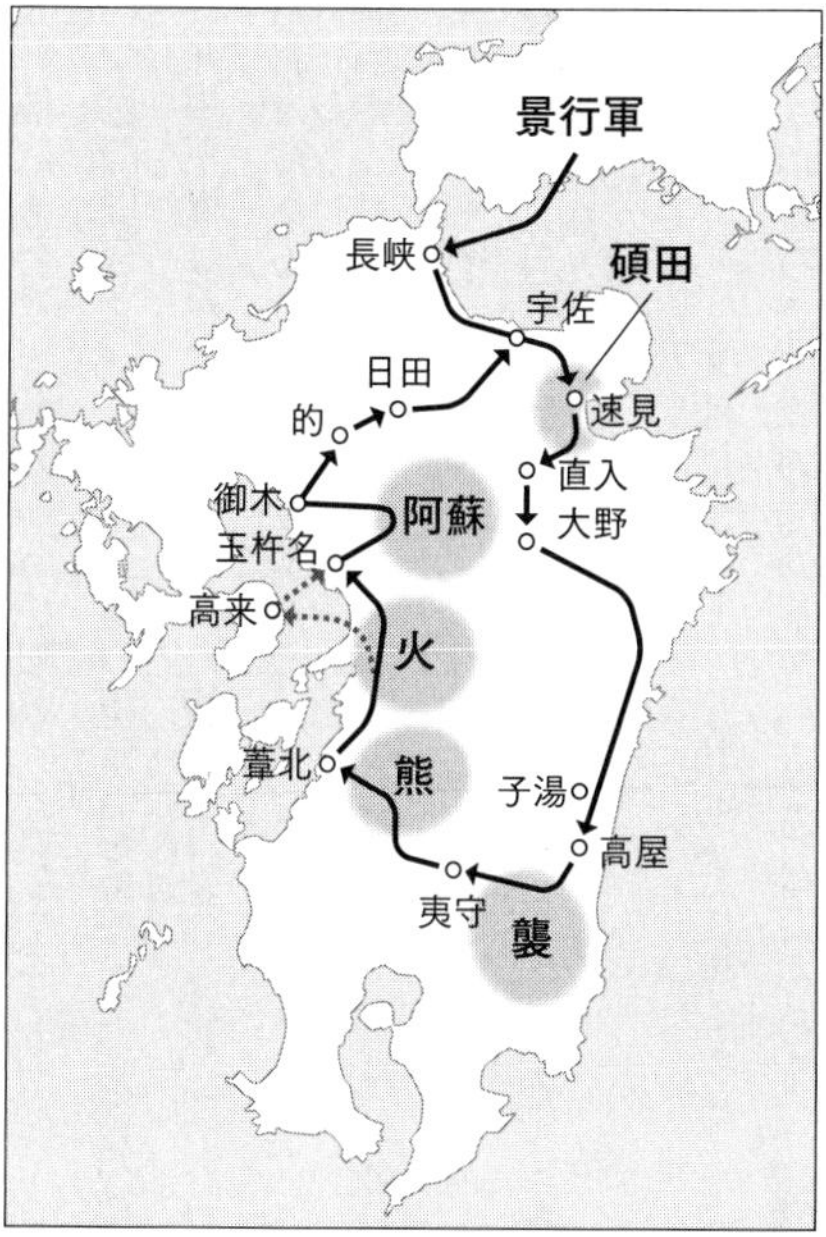

景行天皇一行が周防から偵察を派遣した豊前の場合、いち早くヤマト王権側に味方した神夏磯媛は、対立する内陸部の鼻垂《はなたり》、耳垂《みみたり》、麻剥《あさはぎ》、土折《つちおり》猪折《いおり》の四人の「賊」を攻めてくれることをヤマト王権に願った。

豊後の場合も、帰順した速津媛に対して、のちの直入郡と大野郡にあわせて五人の「土蜘蛛」がいたとされる。

　いずれの場合も、ヤマト王権の軍事力を借りて、敵対勢力を滅ぼそうとしている。つまり、九州王権はかつてのような一枚岩ではなくなっており、いくつもの小国家に分裂していたわけである。ヤマト王権は、そこにつけ込んだのだ。

　続いて『日本書紀』は、景行天皇が襲国から熊《くま》国（現・熊本県人吉《ひとよし》市）に向かったと記している。景行天皇は高屋に数年滞在したあと、十七年三月十二日に子湯《こゆ》（現・宮崎県児《こ》湯《ゆ》郡、147ページの図4）に行幸し、十八年三月には夷守《ひなもり》（現・同県小林市、図4。55〜56ページ参照）に至り、四月三日に熊《くま》県に達する。

　同地において、兄熊《えくま》は帰順し、反抗した弟熊《おとくま》を滅ぼした。彼らは総称して「熊津彦《くまつひこ》」と呼ばれているので、熊の国の王ということであろう。『魏志』倭人伝にいう狗奴国のことと思われるが、この地の平定に成功したのだ。

　帰順派と抵抗派を兄弟で表現するのは、さきに出雲征服の物語でもみたように、ヤマト王権の歴史叙述の常套《じょうとう》手段で、神武天皇の大和平定の物語からもみえている。それはともかく、狗奴国もまた、内部に対立をかかえていたようである。

九州王権がなぜ分裂状態に至ったかは、うまく説明する史料が見あたらない。ただ、卑弥呼や壱与を共立したことからわかるように、九州王権はもともと強力な中央集権の権力ではなかった。相対的に独立性が強く、利害が対立しているところへヤマト王権が来たのではないだろうか。宗教も、小国家や首長層ごとに個別の神々を信仰していたのかもしれない。

ヤマト王権軍転進の謎

『日本書紀』によれば、景行天皇一行は熊国を支配下に置いたあと、葦北《あしきた》の小島《こじま》（現・熊本県葦北郡芦北町の波多島《はたとう》、図4）から九州西海岸に出て、十八年五月一日に火《ひ》国（現・同県八代《やつしろ》市）に至る。六月三日には島原《しまばら》半島の高来《たかく》（現・長崎県島原市、図4）から玉杵名《たまきな》（現・熊本県玉名《たまな》市、図4）に渡ったとされる。

次いで六月十六日に阿蘇《あそ》国（現・同県阿蘇市）に至り、七月四日に筑後国の御木《みけ》（図4）に至り高田行宮《たかだのかりみや》（福岡県大牟田《おおむた》市）に居した。御木は「三毛」とも書き、現在は大牟田市となっている旧・三池《みいけ》町である。

有明海沿岸地域が遠征の対象となったわけだが、邪馬台国があったと思われる山門《やまと》は目前、さらに筑後川《ちくごがわ》を渡れば、奴国のある福岡平野に出ることができるところまで来たのだ。

ところが、景行天皇一行は山門に入った気配はなく、七月七日に八女《やめ》県（現・福岡県八女郡・筑後《ちくご》市・八女市）に至り、八月に的《いくは》（浮羽《うきは》とも。現・同県うきは市、147ページの図4）に至ると『日本書紀』は記したあと、その後の足跡を記さず、唐突に、十九年九月二十日の日向からの帰還を述べている。

景行天皇の九州遠征については、九州の『風土記（『西海道風土記《さいかいどうふどき》』と総称。以下、『風土記』）』にも記事があり、両者を総合することで具体的な様相が明らかとなる。しかし、『日本書紀』と『風土記』ではやや異なるところがある。

たとえば、『日本書紀』はさきに述べたように、景行天皇が島原半島の高来に渡り、そこから玉杵名に進んだように書いているが、『肥前国風土記』では、肥後国玉名郡長渚浜《ながすのはま》の宮にいた天皇が、高来の山つまり雲仙岳《うんぜんだけ》を遠望して、神大野《かむおおの》という人物を派遣して視察させたことになっている。

比較すると、『風土記』の行程のほうが不自然さがない。おそらく、景行天皇一行は、有明海沿いの九州西海岸を北上していったのであろう。そして、『肥前国風土記』にみえる有明海沿岸部の景行伝説からみると、有明海に水軍を派遣して、沿岸に攻め寄せたように思われる。景行天皇の船が停泊したという伝説が、有明海沿岸の神埼《かんざき》郡・杵島《きしま》郡・藤津《ふじつ》郡に伝わっており、ヤマト王権による遠征が船で有明海を進んだらしいことを示している。ただし、内陸での伝承がみられないので、それは成功しなかったらしい。

さらに、『日本書紀』では景行天皇は山門をかすめて、八女県から的（生葉《いくは》）に出たことしかわからないが、『風土記』によれば、御井河《みいがわ》（筑後川）北岸部に景行伝説が伝わっていたらしい。ここから、景行がどこまで攻め込んだかを推測することは、ある程度可能であろう。

『肥前国風土記』によれば、養父《やぶ》郡（現・佐賀県鳥栖《とす》市・三養基《みやき》郡あたり）の亘理《わたり》郷の名は、景行天皇が生葉山《いくはやま》を船山《ふなやま》、高良山《こうらさん》を梶山《かじやま》として船を作り、御井河を渡したことに由来するという。また、同郡の狭山《さやま》郷にも天皇の行宮《かりみや》があったといい、基《き》肄郡の項にも天皇が御井《みい》郡の高羅行宮《こうらのかりみや》（高良とも。福岡県久留米《くるめ》市）にいたという記述がある。

さらに注目すべき伝承として、基肄郡の長岡《ながおか》神社には天皇の甲鎧《かぶとよろい》が収められており、その地の神が欲したから天皇が奉納したという。ヤマト王権は服属のあかしとして、その地の豪族から神宝を献上させるのが常であることからみると、これは異常な事態であって、暗に天皇がこの地の神に屈したことを示しているのではなかろうか。それはまた、とりもなおさず、軍事的な失敗をも意味するはずである。

同神社はもともと永世社《ながよしゃ》といっていたのを、のちの人が長岡神社と改めたというが、現在、佐賀県鳥栖市にある永世《ながよ》神社ではないかと考えられている。永世神社は一九七〇年までは九州自動車道と長崎自動車道の鳥栖ジャンクション近くの秋光川《あきみつがわ》ほとりにあったが、現在はその北西に移転している。神社のさらに北西は「弥生が丘」ともいわれる遺跡の密集地で、東に一〇キロメートルほど行くと大規模な平塚川添《ひらつかかわぞえ》遺跡（福岡県朝倉市）がある。これらの遺跡とかかわる勢力の前に、ヤマト王権軍は敗れたのであろう。

なぜ九州王権は勝利できたのか

これらをふまえると、ヤマト王権軍は高羅《こうら》に駐屯したあと、筑後川を渡河して狭山郷に駐屯し、鳥栖あたりまで侵入したものの、戦果を上げるには至らず、結局、生葉に移動することとなったようである。

その後の進路を『日本書紀』は記さないが、『豊後国風土記《ぶんごのくにふどき》』に、景行天皇が熊襲《くまそ》を征して凱旋《がいせん》するときに筑後国の生葉行宮《いくはのかりみや》（福岡県うきは市）を発して日田《ひた》（現・大分県日田市、147ページの図4）に来たといい、また『肥前国風土記』に、熊襲を誅滅《ちゆうめつ》したあと凱旋して豊前国の宇佐《うさ》（現・同県宇佐市、図4）の海浜の行宮にいたというから、的（生葉）から日田を経て宇佐に移動したとみてよいだろう。現在の国道二一〇号線から三八七号線のコースと考えて大過ないと思われる。

このように、景行天皇の九州遠征は一定の成果を上げたものの、九州王権の中核部分に手をつけることがないままに終わった。文献からその過程を知ることはむずかしいが、戦闘がおこなわれなかったとは考えられず、ヤマト王権は九州王権に敗退したと考えてよいだろう。

では、九州王権勝利の背景にはなにがあったのか。

まず考えられるのが、東部九州とは違って、この地域ではさきにみたような分裂がおこっておらず、ヤマト王権がつけこむ隙《すき》がなかったと思われることである。

さらに、朝鮮半島の国々との関係も九州王権の抵抗の背景にあっただろう。『三国史記』新羅本紀によれば、「倭国と交聘《こうへい》す」とみえる基臨尼師今《きりんにしきん》三年（三〇〇）正月から、倭王が断交の書を送る訖解尼師今《きつかいにしきん》三十六年（三四五）二月までの間、新羅と倭国は友好関係にあったらしい。第四章で触れたように、訖解尼師今三年（三一二）三月の「倭国王、使《つかい》を遣《つかわ》し、子《こ》のために婚《こん》を求む。阿飡急利《あさんきゅうり》の女《むすめ》を以てこれに送る」のように、両国は婚姻を通じて友好関係にあったのである。

また『三国史記』には記されていないが、仲哀天皇の遠征（後述）に際して加羅諸国のひとつ、卓淳《とくじゅん》国にヤマト王権の使者とともに派遣された斯摩宿禰《しまのすくね》が、糸島半島の志摩にかかわる人物とすれば、加羅地方の国々との通交もうかがえる。朝鮮半島から鉄をはじめとする戦略物資を入手できたことも勝因のひとつだったのではないか。

しかし、北部を除く九州の大半がヤマト王権によって攻略されたことは、九州王権にとってゆゆしき事態であったことは確かであろう。

国造が置かれなかった地域

景行天皇の時代に大きく発展したヤマト王権では、次の成務《せいむ》天皇の時代に、国造制の施行など、地方統治組織の整備がおこなわれた。

『古事記』は、成務天皇の段で「建内宿禰《たけうちのすくね》を大臣《おおおみ》として、大国・小国の国造《くにのみやつこ》を定めたまひき」と記し、『日本書紀』は成務五年九月条に「諸国に令《れい》して、国郡《こくぐん》に造長《みやつこおさ》を立て、県邑《けんゆう》に稲置《いなぎ》を置く」と記している。実年代は確かではないが、四世紀前半頃として大きなまちがいはないであろう。

ただし、これには諸説があって、県《あがた》を国に先行すると解したり、国造制の成立も成務朝ではなく、五世紀さらに六世紀にまで下げたりする見解もある。しかし、これらはみな、『記紀』の情報に対する不信感が先行した見解であって、かならずしも確実な根拠があるわけではない。景行朝の版図拡大を受けて、なんらかの地方支配方式の整備がなされるのは自然であって、むしろおざなりにされたとみるほうがおかしいと思う。

このように、四世紀前半段階でのヤマト王権による地方支配の整備は認めるべきであり、景行天皇の段階で服した地域も同様であったと考えて、はじめて整合性のある理解ができると思われる。以下、具体的に示そう。

九州地域の国造は、『先代旧事本紀』国造本紀《こくぞうほんぎ》には、東部九州に宇佐《うさ》国造・豊《とよ》国造・国《くに》前《さき》国造・比多《ひた》（日田）国造がみえ、南部では日向《ひゅうが》国造・大隅《おおすみ》国造・薩摩《さつま》国造、西南部では火《ひ》国造・阿蘇《あそ》国造・葦分《あしわけ》（葦北《あしきた》か）国造・天草《あまくさ》国造が列挙されている（大分《おおいた》国造が漏《も》れているらしい）。

これらの国造の設置時期について、『先代旧事本紀』国造本紀は、火・阿蘇国造は崇神朝、葦分国造を景行朝、豊・国前・比多・天草国造は成務朝、日向国造が応神朝、大隅・薩摩国造は仁徳朝のこととしている。日向・大隅・薩摩が後れているが、景行天皇の遠征路には含まれたとはいえ、ヤマト王権の支配下に入るには時間がかかったということであろうか。

残りの国造のうち、火・阿蘇国造が崇神朝に設置されたというのは早すぎるだろう。じつは火・阿蘇国造は祖先が同じで、神武天皇の子・神《かむ》八《や》井命《いのみこと》のさらに孫の速瓶玉命《はやみかたまのみこと》だという。神八井命は多《おお》氏の祖先であるから、火・阿蘇国造は多氏の同族ということになるだろう。ここから、これらの一族が崇神天皇の時代に畿内から九州に移住したという見方もあるが、西から東への移動という当時の趨勢からみても、可能性は低いように思われる。

　ここで興味深いのは、景行天皇の遠征にも、多氏の祖・武諸木《たけもろき》なる人物が加わっていることである。いつの頃からか崇神朝というようになったものの、実際は景行天皇の遠征の随行者の一族から国造が選ばれたというのが正しいのではなかろうか。

　また、『日本書紀』には、国前国造の祖・菟名手《うなて》が景行天皇の遠征の従者だったとあり、『先代旧事本紀』国造本紀にも、葦北国造は吉備津彦の子・三井根子《みいねこ》が景行朝に国造の地位を賜ったといい、比多国造も大和の葛城《かつらぎ》国造と同祖とあるから、景行天皇の遠征でヤマト王権に服属した地域の国造は、出自を中央に持つ者ばかりである。例外は宇佐国造で、これのみ現地の豪族であり、神武東征の際に宇佐に立ち寄った神武一行を饗応《きょうおう》したという。

　このように、景行天皇の遠征の結果、日向・大隅・薩摩以外の遠征地域には、中央豪族を任じて国造制が施行されたとみられる。ということは、北部九州を包囲するかたちで、ヤマト王権は九州の地方支配組織を整備したわけだ。

国造の設置が後れていた日向・大隅・薩摩は、ヤマト王権の恒常的な支配下に入るのも後れていたようであるし、のちの肥後地域なども、私が景行天皇の退出路と推定した日田経由で豊前に出るルートは考えられるものの、ヤマトとの交通に不便だったことは否《いな》めない。事実、日田では久《ひさ》津《つ》媛《ひめ》という地元の神に出迎えられたというが、その子孫は日田国造にならなかったようで、日田の勢力は敗走する景行に一時的に協力したかもしれないが、ヤマト王権の制度に組み込まれたわけではなかったようだ。

したがって、景行天皇の遠征後にヤマト王権とのつながりを恒常的に有して物資を貢納していたのは、周防灘に面した地域に限定されたのではないか。しかし、そうだったとしても、ヤマト王権のいわば橋《きょう》頭《とう》堡《ほ》が九州の一角に形成された意義は大きかった。

九州王権VS.ヤマト王権

景行天皇の九州遠征の成果として、景行天皇の時代にヤマト王権に服した地域に国造が設置されたが、その結果、九州では、ヤマト王権が設置した国造（特に豊前地域）と、北部九州の王権が併存する状況が半世紀ほど続いたようだ。

写真9 赤塚古墳《あかつか》

古墳時代前期の前方後円墳。箱式石棺《はこしきせつかん》のほか、三角縁神獣鏡《さんかくぶちしんじゆうきよう》や碧玉製管玉《へきぎよくせいくだたま》なども出土

その間、九州王権がヤマト王権の影響を受けたこともあったであろう。そのひとつと私が推測するのが墓制である。国造制が施行された地域では、国造はヤマト王権の墓制、すなわち前方後円墳で葬《ほうむ》られたと思われる。

もちろん、国造の死亡には個人差があるし、古墳の築造にかかる時間もさまざまだろうから、ある時期にいっせいにヤマト王権の墓制でいとなまれるわけはない。それでも、九州で最古の前方後円墳とされる赤塚《あかつか》古墳（写真9）を含む川部《かわべ》・高《たか》森《もり》古墳群（大分県宇佐市）と宇佐国造、同じく古式の石塚山《いしづかやま》古墳（福岡県京都郡苅田町）と豊国造、熊本県の宇土《うと》半島の古墳群と火国造との関係などは考慮するべきだろう。

ヤマト王権の墓制が九州東部から南西部にかけておこなわれると、その影響は政治的に関係のない九州王権の構成員に模倣されることがあったのではないか、と私は推測する。専門知識がないのに妄想をたくましくしていると笑われるかもしれないが、そのような感触を得たのは、久里双水《くりそうずい》古墳（佐賀県唐津市）を見学したときのことだ。

久里双水古墳は、四世紀前半にさかのぼる可能性もある全長一〇八メートルの前方後円墳で、ＪＲ唐津駅から南に二駅の山本《やまもと》駅からすこし歩いて遠望したときは、その姿に圧倒された。

同古墳はほとんど地山を削《けず》り出して前方後円にしたもので、畿内型の前方後円墳を模したものという印象を持った。これだけでは、この地域がヤマト王権の支配下に入っていたとはいえないのではないか。もちろん素人《しろうと》考えだが、北部九州の古墳のなかには、似たようなものが含まれているように思う。

それはさておき、景行天皇の遠征以降、ヤマト王権の最後の征服対象が北部九州となったことは確かである。ヤマト王権も、それを念頭に置いた政策をとったようだ。

たとえば、景行天皇末年に纏向《まきむく》（奈良県桜井市）から近江・高穴穂宮《たかあなほのみや》（滋賀県大津《おおつ》市か）

に遷都しているが、これは、敦賀を外港とする日本海航路の重視が背景にあるらしい。そのルートが北部九州に達していたかは判然としないが、それを射程のひとつにしていたであろうことは、仲哀天皇の遠征に際して、日本海ルートも活用されていることからも明らかである。

仲哀天皇の九州遠征

約半世紀にわたると思われる微妙な対抗関係のすえ、ヤマト王権はふたたび本格的な九州への遠征をくわだてる。その間、ヤマト王権による九州の豪族たちへの調略もおこなわれたかもしれないが、くわしくはわからない。

遠征を開始したのは「ヤマトタケル」と呼ばれた小碓《おうすの》皇子《みこ》の皇子、成務天皇のあとを継ぎ即位した仲哀天皇である。英雄の子として使命感を燃やしていたかもしれないが、この天皇の存在感は、妻の神功皇后にくらべてあまりにも薄い。

その遠征計画は、瀬戸内海と日本海ルートを併用して、北部九州に迫る遠大なものであった。『日本書紀』によれば、仲哀天皇は紀水門《きのみなと》（現・和歌山県和歌山市）から瀬戸内海を進み、神功皇后は敦賀を発して日本海ルートをとって、豊浦《とゆら》（図5）の穴戸豊浦宮《あなとのとゆらのみや》（現・山口県下関《しものせき》市）に集結したという。

戦局は当初、ヤマト王権に有利なものだったようだ。『日本書紀』仲哀八年（三六五と推定）正月壬午《じんご》条からは、九州王権の統一が乱れていたことがうかがえるからである。まず、遠賀川河口部の岡《おか》（図5）を根拠地としていたと思われる岡県主が帰順してきた。『日本書紀』をみてみよう。

筑紫に幸《こう》ず。時に岡県主の祖・熊鰐《わに》、天皇の車駕《しゃが》を聞きて、あらかじめ五百枝《いおえ》の賢木《さかき》を抜き取りて、九尋《ひろ》の船の舳《へさき》に立て、上枝には白銅鏡《ますみのかがみ》を掛け、中枝には十握剣《とつかのつるぎ》を掛け、下枝には八尺瓊《やさかに》を掛けて、周芳《すおう》の沙麼浦《さばのうら》に参り迎え、魚塩《ぎょえん》の地を献《たてまつ》る。因《より》て奏《そう》して言《いわ》く「穴門《あなと》より向津野《むかつの》の大済《おおわたり》に至るまでを東門《とうもん》とし、名籠屋《なごや》の大済を以《もっ》て西門《せいもん》とす。没利嶋《もとりしま》・阿閉嶋《あへしま》を限りて御筥《みはこ》とし、柴嶋《しばしま》を割《さ》きて御甂《みなえ》とす。逆見海《さかみのうみ》を以て塩地とす」と。既《すで》に海路を導きて、山鹿岬《やまかのみさき》より廻りて岡浦《おかのうら》に入る。

『日本書紀』上（坂本太郎ほか校注）では、「向津野の大済」は豊前国宇佐郡向野《むくの》、「名籠屋」を福岡県北九州市の旧・名籠屋崎、「没利嶋」を山口県下関市の六連島《むつれじま》、「阿閉嶋」を北九州市の藍島《あいのしま》、「柴嶋」は同市の洞海湾《どうかいわん》内の『筑前国風土記』の逸文に「資波島《しはしま》」とある島にあたるとしている。しかし、「向津野の大済」を豊前国宇佐郡とするのは遠すぎるし、「名籠屋の大済」は洞海湾を渡る港と考えられるから、関門海峡を渡る港とみるべきであろう。

　この比定が正しいとすれば、熊鰐が仲哀天皇に献上した地域は、洞海湾の湾口から関門海峡に至る一帯であったとみてよかろう。熊鰐は岡県主の祖とされ、岡水門あたり

図5　仲哀天皇・神功皇后の遠征行程

（遠賀川河口周辺）を根拠としていたと思われるから、彼が献上した地域は支配領域の東部を構成していたはずである。

実際、前章で触れた『筑前国風土記』の逸文「県《あがた》の東の側近に大江《おおえ》の口《くち》あり。名を塢《お》舸《か》の水門《みなと》と曰《い》う」からも、岡県は遠賀川河口の岡水門の西に位置していたことは明らかだ。問題は、熊鰐の支配地の西端はどこまでかであるが、いずれにせよ、熊鰐は支配地の東部を献上する代わりに、岡水門から西の地域の領有を認められ、県主になった。

岡水門から上流に進むと、島津《しまづ》・丸山《まるやま》古墳群（福岡県遠賀郡遠賀町）が分布している。この古墳群は現在、遠賀川と西川《にしかわ》にはさまれた台地に形成されているが、遠賀川の河口が広かった時期には、河口部にあった島に築かれたと思われる。岡県主一族の奥津城《おくつき》（墳墓）とみてまちがいないだろう。

九州王権の分裂

『日本書紀』によれば、岡県主に次いで、かつての伊都国とつながると思われる伊覩《いと》県主が帰順してきたという。

又《また》、筑紫の伊覩県主の祖・五十迹手《いとで》、天皇の行《こう》を聞きて、五百枝《いおえ》の賢木《さかき》を抜き取りて、船の舳艫《じくろ》に立て、上枝には八尺瓊《やさかに》を掛け、中枝には白銅鏡《ますみのかがみ》を掛け、下枝には十《と》握剣《つかのつるぎ》を掛けて、穴門《あなと》の引嶋《ひこしま》に参り迎えて献《たてまつ》る。

熊鰐のときのような土地の献上はないが、五十迹手の帰順に続けて、『日本書紀』仲哀八年正月己亥《きがい》条に「儺県《なのあがた》に到る。因《より》て橿日宮《かしひのみや》に居す」と記している。ここはかつての奴国の地だが、伊覩県主の帰順によってこの地に入れたとすれば、すでに奴国の地は伊都国王の支配するところとなっていたのであろう。その結果、仲哀天皇の一行はやすやすと博多湾に侵入した。

このようにみれば、仲哀天皇の遠征時、北部九州の沿岸部は東に岡県主の祖先、西に伊覩県主の祖先という二大勢力によって二分される状態であったとみてよい。その勢力は前者は不弥国、後者は伊都国の末裔であった可能性が高い。なお、前章で触れた宗像三女神は、前者の勢力が奉祭する神であったと考えてよいのではなかろうか。

ふたつの勢力はいち早くヤマト王権に服属した。仲哀天皇と神功皇后による九州平定事業が成功した背景には、すでに九州王権が分裂していた状況があるように思われる。ここには、もはや北部九州全体を統括する王権の存在は認められない。

『三国史記』新羅本紀にみえる倭国王や倭王が九州王権の王とすれば、九州王権はヤマト王権の軍が進駐してくる二〇年前の、三四五年までは存続していたことになる。その間になにがあったのだろうか。

九州王権の内部事情を『記紀』から推測することは無理であるし、この時期は中国の王朝とも通交がないため、中国の史書にも頼れない。つまり、ほとんどわからないのだが、唯一指摘できるとすれば、『三国史記』にみえる、新羅との友好関係の破綻《はたん》である。

玄界灘沿岸諸国と有明海沿岸諸国との間になんらかの対立が生じ、かつての豊《とよ》（豊前国・豊後国）地域と同様に、沿岸部の国はヤマト王権に服する道を選ぶこととなったのであろう。

謎の急死

仲哀天皇軍は香椎《かしい》（163ページの図5）、現在の福岡県福岡市東区あたりに陣取り、内陸の勢力との戦いに備える。それに先立ち、神意《しんい》を問うことになった。香椎の地が九州の人々にとって聖地であったらしいことはすでに述べたが、それにふさわしい場所だったのであろう。このとき、神がかりの役割を担ったのが神功皇后である。私はここから、神功皇后は「皇后」ではなく、もともと従軍巫女のような立場の女性であり、仲哀天皇の寵愛《ちょうあい》を受けて皇子を出産するに至ったと考えている。

このときの神意は九州内陸への進軍ではなく、朝鮮半島との交渉であり、それを疑った天皇は急死したという。『古事記』では、次のように記されている。

其《そ》の大后《おおきさき》、息長帯日売命《おきながたらしひめのみこと》は、時に当《あた》りて神を帰《よ》せき。故《ゆえ》、天皇、筑紫の訶志比《かしひ》の宮《みや》に坐《ま》しまして、将《まさ》に熊曾《くまそ》の国を撃《う》たんとする時、天皇、御琴《みこと》を控《ひ》きて、建内宿禰《たけうちのすくね》の大臣《おとど》、沙庭《さにわ》に居《い》て神の命《めい》を請《こ》いき。是《ここ》に大后、神を帰せき。言教《ことおし》え覚《さと》し詔《の》らさくは「西の方に国あり。金銀を本《もと》となし、目のかがやく種種の珍しき宝、多《さわ》に其の国にあり。吾《われ》、今、其の国を帰《き》せ賜《たま》わん」。かくして天皇答えて白《もう》さく「高き地に登りて西の方を見れば国土を見ず。唯《た》だ大海のみあり。詐《いつわり》をなす神」と謂《い》いて、御琴を押し退《の》けて控《ひ》かず黙《もだ》して坐《ざ》しき。かくして其の神、大いに忿《いか》りて詔らさく「凡《およ》そ、この天の下は汝《なんじ》の知らすべき国に非《あら》ず。汝は一道に向《むか》え」。是に建内宿禰の大臣白さく「恐《かしこ》し。我が天皇、なお其の大御琴あそばせ」。かくして稍《ようや》く其の御琴を取り依せて、なまなまに控き坐しき。故、いまだ幾久《いくひさ》しくあらずして御琴の音を聞かず。即《すなわ》ち火を挙げて見れば既《すで》に崩《かむあが》り訖《おわ》んぬ。

つまり、崩御《ほうぎょ》は託宣儀礼の最中の出来事としているのだが、そうすると内陸部との戦いがなかったことになるので、これは後世の神秘化を経ていると思われる。

これに対して、『日本書紀』仲哀八年九月己卯条には、託宣のあと、仲哀天皇は「なお信じずして、あながちに熊襲《くまそ》を撃ち、勝ち得ずして還《かえ》る」とあり、続けて仲哀九年二月丁《てい》未《び》条には、天皇、忽《たちま》ち身、痛むことありて、明日崩《かむあが》りましむ。時に年《とし》五十二。即《すなわ》ち知りぬ。神の言《こと》を用いずして、早く崩《ほう》ずることを。一《いち》に云《いわ》く、天皇、みずから熊襲《くまそ》を伐《う》ちて、賊《ぞく》の矢にあたりて崩《ほう》ずという。

とあり、内陸の勢力との戦いに敗れて崩御したと伝えている。

　このとき仲哀天皇に勝利した勢力は、あとの記事からみて、羽白熊鷲《はしろくまわし》という人物に率《ひき》いられたものだったらしい。つまり玄界灘沿岸の諸国とは違い、有明海の勢力はヤマト王権に抵抗し、ある程度功《こう》を奏《そう》したわけである。

　ただ注意したいのが、このとき玄界灘沿岸諸国はかつての豊前・豊後地方の豪族のように、ヤマト王権の軍事力にすがって、対立する勢力、この場合は筑紫平野の国々を倒してほしかったのではなかった。このとき、すでに新羅と敵対関係にあった玄界灘の国々は、ヤマト王権の軍事力を利用して、朝鮮半島おそらくは新羅を攻めようと考えていたのである。これが、神託の背景にある事情だと思われる。

百済の援助

『記紀』では、神意にさからい急死した仲哀天皇だが、実際は朝鮮半島南部の加羅の国と交渉しようとしていたらしい。『日本書紀』神功四十六年三月乙亥《おつがい》条には、加羅の卓淳《とくじゅん》国への使節派遣があったと記されている。『日本書紀』の年代どおりだと二四六年となるが、実際は干支《かんし》を二巡り下げた三六六年のことと考えられる。

その使節は、偶然にも百済がヤマト王権と接触を持とうとしていることを知る。ここから、ヤマト王権軍は百済の援助を得ることができたのである。百済からの使節が卓淳国に来た甲子《かつし(こうし)》の年は、『日本書紀』では二四四年のこととなるが、実際は三六四年と考えられることはいうまでもない。

『日本書紀』の年次をみると、神功皇后の時代もかなり進んだ頃のことと感じてしまうが、じつは仲哀天皇在世中のことだったのである。『日本書紀』神功四十七年四月条は干支二巡繰り下げて三六七年に相当するが、その記事をみてみよう。

百済王、久氐《くて》・弥州流《みつる》・莫古《まこ》を使《つかわ》して朝貢す。（中略）ここに皇太后と太子・誉田《ほむた》別尊《わけのみこと》と大いに歓喜して曰《いわ》く「先王の望みし国《くに》の人《ひと》、今《いま》来朝す。痛ましきかな。天皇に逮《およば》さざることを」。群臣《ぐんしん》、皆流涕《りゅうてい》せざるなし。

仲哀天皇在世中に百済との接触を開始していたこと、百済王の使者の来朝直前に仲哀天皇が崩御（三六六または三六七年）したことがわかる。

天皇の崩御はいわゆる熊襲との敗北直後なのだから、内陸への出兵はそのすこし前ということになる。百済との通交開始後、その正式な使節が来る前に、仲哀天皇は羽白熊鷲に敗れ、戦死ないしは直後に急死したのである。

邪馬台国の滅亡

遠征途上での天皇の崩御は、勝利どころか大敗北といってよい。ヤマト王権軍は旗を巻いて帰国してもおかしくないが、その後、あとを継いだ神功皇后が内陸部の勢力と戦って勝利する。『日本書紀』神功摂政前紀・仲哀九年三月朔《さく(ついたち)》条には、然《しか》して後に吉備臣《きびのおみ》の祖鴨別《かもわけ》を遣《つかわ》して熊襲《くまそ》国を撃《う》たしむ。いまだしばらくも経ずして服《まつろ》いぬ。

とみえるが、これは全体的なことを記しており、より具体的には次のように記している。

且《また》、荷持田《のとりた》村に羽白熊鷲《はしろくまわし》という者あり。其《そ》のひととなり強く健《たけ》し。亦《また》、身に翼ありてよく飛びて高く翔《かけ》る。ここを以《もっ》て皇命に従わず。毎《つね》に人民を略盗《りゃくとう》す。

その後、ヤマト王権軍は橿日宮から松峡《まつお》（163ページの図5）の松峡宮《まつおのみや》に移ったが、笠《かさ》が風に飛ばされたので、地名を「御笠《みかさ》」と名づけたという。現在の福岡県太宰府《だざいふ》市御笠《みかさ》である。さらに、層増岐野《そそきの》で羽白熊鷲を撃ち滅ぼした。そのとき、皇后が「熊鷲《くまわし》を取《と》り得《え》つ。我が心すなわち安《やす》し」と言ったので、その場所を「安《やす》」と名づけたという。旧・夜須《やす》町（現・福岡県朝倉郡筑前町）である。

いよいよ、残るは一国となった。ヤマト王権軍は山門《やまと》（図5）に入る。『日本書紀』仲

哀九年三月丙申《へいしん》条には、

転じて山門県《やまとのあがた》に至り、則《すなわ》ち土蜘蛛《つちぐも》・田油津媛《たぶら(ゆ)つひめ》を誅《ちゅう》す。時に田油津媛の兄、夏羽《なつは》、軍を興《おこ》して迎え来る。然《しか》るに其《そ》の妹の誅されたるを聞きて逃ぐ。

と書かれている。私が「邪馬台国の滅亡」と呼んでいる出来事である。

さきに沿岸部では岡と伊都の二大勢力の支配を想定したが、内陸部においても夜須地方の羽白熊鷲と、山門の田油津媛・夏羽の二大勢力にまとまっていたとみていいと思う。このように、九州では地域的まとまりを形成していく動きがあったのだが、結局、ヤマト王権に呑《の》み込まれたのである。

九州平定と朝鮮出兵

一時、大敗北を喫《きっ》しながらも、ヤマト王権が最終的に勝利を得たのはなぜか。

私は、勝利の遠因には百済・加羅との提携があったと考える。これはヤマト王権独自で思いつく戦略ではないから、かねてより加羅諸国と通交があったと思われる玄界灘沿岸の豪族の援助があったのであろう。『日本書紀』神功四十六年三月乙亥条が記す、卓淳国への使節派遣がそれである。

その結果、百済との外交関係が生まれ、仲哀天皇の死後、百済の正式な使節が来たことはすでに述べた。このとき、百済が軍事物資や鉄資源などを提供したのではないかというのが、私の推測である。

神功皇后は九州王権を倒したあと、松浦《まつら》（現・佐賀県唐津市、163ページの図5）に至り、さらに朝鮮半島南部に出兵する。その目的は加羅地域からの新羅勢力の駆逐《くちく》と、半島南西部を平定して百済領とすることへの助力だった。その見返りとして、百済と加羅諸国が送ってくる「調《ちょう(みつぎ)》」はヤマト王権の手に収められた。

これら一連の出来事について、年代を追ってまとめておこう。

三六四年　百済の使者、卓淳国に至る。

三六五年　この頃、仲哀天皇の軍、九州に至り、玄界灘沿岸諸国は帰順する。

三六六年　ヤマト王権、使者・斯摩宿禰を卓淳国に派遣。百済との接触はじまる。百済王、五色の絹や角の弓箭《きゅうせん(ゆみや)》、鉄鋌《てってい》を贈る（軍事援助を示唆）。
この間に仲哀天皇、九州内陸部に出兵、敗北して急死。

三六七年　百済・新羅の使節が倭国に来る（本格的援助か）。
この間にヤマト王権、山門を征服。

三六九年　ヤマト王権、朝鮮半島南部に出兵。

三七二年　百済、七支刀《しちしとう》をヤマト王権に贈る。

なお、ヤマト王権軍を利用して、新羅に対して優位に立とうと玄界灘沿岸諸国が考えていたとすれば、それは、はかない結果となったわけである。以後、九州地方はヤマト王権の支配下に組み込まれていく。

神功皇后の実像

神功皇后については宮廷巫女あがりと推測できるとはいえ、その宗教的な側面のみを強調するのは賛成できない。卑弥呼などと違って、政治的能力を発揮していると感じられるからである。そこが、九州王権とヤマト王権の違いでもあった。

仲哀天皇の死後、そして幼《おさな》いわが子を擁して垂簾聴政《すいれんちょうせい》（王や皇帝が幼少の場合、皇后・皇太后などがおこなう摂政《せっしょう》政治）をおこなうなかで、オキナガタラシヒメは巫女から統治者となったのである。それは、のちの女帝や皇后にもいえることであり、彼女らにことさらに宗教的役割を求めるのは事実を誤ることになると思う。朝廷での宗教的な役割は、すでにその専業者によって分担されていたのである。

また男女ともにいえることだが、人は境遇が変わることで、みずからも変化し進歩していく。歴史にそれを徴《ちょう》すれば、伊豆の豪族の娘が鎌倉殿《かまくらどの》の妻となり、夫の死後は東国武士団をまとめる役割を担ったことや（北条政子《ほうじょうまさこ》）、八百屋の娘が徳川《とくがわ》将軍の生母となり幕政にも大きな影響力を発揮したこと（桂昌院《けいしょういん》）などを思い浮かべることができる。

ＪＲ博多駅には、伝統工芸師の川崎幸子《かわさきさちこ》氏による博多人形「卑弥呼像」が展示されている。手に七支刀を持ち、頭に金冠《きんかん》をかぶるその姿は、卑弥呼よりも神功皇后こそふさわしいように思うのだが、いかがであろうか。

第七章

その後の九州勢力

ヤマト王権の九州支配

九州王権は分裂のなかで、四世紀後半にはヤマト王権に征服された。では、ヤマト王権はどのように九州を統治したのであろうか。

ヤマト王権の地方支配のありかたは、九州王権がヤマト王権下に最終的に入る前に整備されていた。成務天皇の時代に整えられた国《くに》と県《あがた》である。同制度は九州にも整備され、九州王権包囲網が形成されたことは、すでに述べたとおりだ。

神功皇后による九州平定後も、残りの地域にその支配組織がおよぼされたであろう。考えられるのが、県主制《あがたぬしせい》の施行である。仲哀天皇が進駐してきたときに服属した豪族が県主として、もとの領地の支配を許されたことは十分に推測できる。前章で触れた、岡県主や伊《い》覩《と》県主の例である。

壱岐と対馬にも県主が置かれたことは、さきにみた（124～125ページ）『日本書紀』顕宗三年の記事から明らかだ。かつての一支国と対馬国の王（『魏志』倭人伝に「卑《ひ》狗《く》」とあったもの）の後裔《こうえい》が任じられたのであろう。

さらに、『日本書紀』には水《み》沼《ぬま》県主と嶺《みね》県主、『肥前国風土記』に佐《さ》嘉《か》県主の名がみえ、ヤマト王権に服属した地元の豪族が任じられたと思われる。史料がないのではっきりしないが、旧来の領地支配を認められた代わりに、なんらかの負担を強いられたことは想像がつく。

九州王権の故地を統治した筑紫国造

比較的狭い範囲の支配をまかされた県主とは違い、九州王権の故地の中心部を支配することとなったのが、筑紫国造《つくしのくにのみやつこ》である。

筑紫国造が最初に史料にあらわれるのは『日本書紀』に記載された、継体《けいたい》天皇の治世下である五二七年に反乱をおこしたとされる磐井《いわい》だ。世にいう「磐井の乱」である。なお、磐井は国造ではなく、乱のあとで九州に国造制が施行されたとの見解がある。その背景には、磐井は九州土着の豪族であり、彼を打倒することで、ヤマト王権は九州を直接支配できるようになったという考えがある。これだと、ヤマト王権の列島統一は六世紀まで下ることになる。

しかし、磐井と彼が属した筑紫君《つくしのきみ》氏が九州出身の豪族だったとは史料上からはいえない。『日本書紀』ではこの氏族は大彦命《おおひこのみこと》の後裔とあり、『先代旧事本紀』国造本紀は孝元《こうげん》天皇の皇子、大彦五世の孫、日《ひ》道命《みちのみこと》が国造に任じられたという。大彦は第十代崇神天皇の伯父なので、その五世とすれば十四代仲哀天皇と同世代ということになり、仲哀天皇の后である神功皇后の九州平定後、国造に任じられたとしても不都合はない。

ちなみに、筑紫国造磐井の墳墓は、八女《やめ》古墳群の岩戸山《いわとやま》古墳（福岡県八女市、後述）と考えられるから、八女丘陵に広がる八女古墳群が国造一族、つまり筑紫君氏の奥津城であることは確かだろう。同古墳群のなかで、もっとも古い前方後円墳が石人山《せきじんやま》古墳（同県八女郡広川《ひろかわ》町）で、五世紀半ばの築造といわれている。これは、筑紫国造が神功皇后の九州制圧のあとに置かれたという推測と矛盾しない。石人山古墳の年代からすると、その被葬者が活躍したのは四世紀末から五世紀前半あたりのようにも思えるが、これは神功皇后の北部九州平定が三七〇年頃とすると、やや開きがあるようにもみえる。

古墳の築造期間や個人差のある統治期間などを考えれば、確かなことはいえないが、国造の設置は、ヤマト王権の九州平定後すぐではなく、当初は北部九州に県主を中心とした支配体制を敷いたが、やがて国造を派遣して国造制を敷くことになったのではないか。

ここで気になるのが、『日本書紀』応神九年四月条の、武内宿禰を筑紫に遣わして百姓《ひゃくせい》を監察させたという記事である。これは、武内宿禰の留守中に弟の甘美内宿禰《うましうちのすくね》が兄を讒《ざん》言《げん》したが、筑紫から帰った武内宿禰が磯城川《しきがわ》のほとりでの探湯《くがたち》（盟神探湯とも。熱湯に手を入れて真偽を確かめる神判《しんぱん》）に勝ち、弟の野望をくじく物語だが、武内宿禰が九州に遣わされた記載には根拠があるのではなかろうか。

つまり、神功皇后や応神天皇の時代、具体的には四世紀後半には、武内宿禰のような九州制圧にたずさわった政権中枢の有力人物が九州に派遣され、現地の県主らを統括する体制がとられていたことをしのばせる。

これは、壱岐直《いきのあたい》氏の祖、真根子《まねこ》なる者が武内宿禰の身代わりに自害しているから、壱岐の豪族つまり県主が彼に従っていたと想定されることからもいえるだろう。いわば、筑紫国造の前身ともいえるが、このようにみれば、石人山古墳の年代とヤマト王権による北部九州、つまり筑紫の平定年代のずれも説明がつく。

甘美内宿禰が武内宿禰を讒言した内容は「独《ひと》り筑紫を裂《さ》き、三韓を招きて己《おのれ》に朝《したが》わしめ、遂《つい》に天下を有《たも》たん」というもので、筑紫をヤマト王権から分離し、朝鮮諸国に朝貢させようというものである。これは、武内宿禰が九州の行政権とともに朝鮮半島諸国、『日本書紀』は三韓というが、具体的には百済や加羅諸国との外交もつかさどっていたことを示しているように思われる。このことは、のちの筑紫国造の職掌とも関係してくる。

ヤマト王権の地方官としての国造がどのような職掌を持っていたかは史料にあらわれないため、不明な点が多い。さらに、地方官としての国造は大化改新《たいかのかいしん》のときに廃止されてしまったようなので、のちの律令制に遺制を求めるのも困難である。

そのなかで参考になるのが、第六章で触れた、大化改新以後も存続した出雲国造が代替わりの際に朝廷に貢納品を納める習わしである。もちろん、出雲は多くの国造とは違い、その地の豪族が任じられていたので、これは服属を意味する行為とも考えられる。しかし、出雲と同様に、国造が地域の産物を朝廷に貢納する義務を負っていたことは確実である。

というのは、『古語拾遺《こごしゅうい》』には、朝廷の蔵の発展を序《じょ》して、雄略《ゆうりゃく》天皇の時代に「これより後、諸国の貢調《みつぎ》、年々に盈《み》ち溢《あふ》れき」とある。これは、諸国の国造からの貢納が増加したということであろう。

したがって、筑紫国造にも、その支配地から特産物を中央に貢納する義務があったとみてよい。だが、それは国造一般のことであって、筑紫国造には筑紫ならではの職掌があった。それは、磐井が磐井の乱のときにとった行動からみえてくる。

筑紫国造の強大な権限

磐井の乱についてはのちほどくわしく述べるが、『日本書紀』が記す磐井の行動とは「海路を邀《たえ》て、高麗《こうらい》・百済《くだら》・新羅《しらぎ》・任那《みまな》等の国の年に職貢《みつぎたてまつ》る船を誘《わかつ》り致《いた》す」ことだ。これは、朝鮮諸国からヤマト王権に遣わされた「朝貢使節」を抑留することであろう。逆にいえば、これらの使節と朝貢品を中央に送ることが、筑紫国造の重要な任務であったわけだ。

では、朝鮮諸国からヤマト王権にどのようなものが贈られていたのだろうか。『日本書紀』神功摂政前紀は、神功皇后のいわゆる新羅出兵の成果として「金銀《きんぎん》・彩色《さいしょく》及び綾《あや》・羅《うすきぬ》・縑絹《かとりのきぬ》」を船八〇艘《そう》に載せて神功皇后の軍に従い、以後常に八〇艘の調《ちょう》を貢上するようになったという。これらは、筑紫国造の手を介して九州を素通りして、ヤマト王権へと納められた。

　磐井は磐井の乱において、任那に派遣された近江毛野《おうみのけな》の軍をさえぎっているが、これは近江毛野軍の渡海を妨害したということであろう。ということは、磐井は本来、渡海に協力すべきものとされていたのであって、これもまた筑紫国造の任務であったと思われる。

　これらはいずれも朝鮮への海上交通に密接に関係する行為であり、それはつまるところ、磐井が港湾施設を掌握していたことにつながると思われる。つまり、筑紫国造の職掌として、その管理下にある港湾施設で外国使節を迎え、さらに中央へ導くこと、そして海外へ使節や軍隊を送ることがあったのである。

　後者については、応神朝の朝鮮出兵との関係も考えられる。このあたりについては、著書『仁徳天皇』で述べたが、ヤマト王権は三八九年の神功皇后の崩御と翌年の応神天皇の即位をもって、外交方針が大きく変わり、朝鮮諸国との紛糾には出兵による軍事行動も辞さないという態度となった。その結果が、高句麗の「広開土王碑《こうかいどおうひ》」にみえる、数度にわたる出兵である。

　港湾の管理といえば、第三章で述べたように、『魏志』倭人伝に一大率が「皆津《つ》に臨《のぞ》みて捜露《そうろ》し、文書《ぶんしょ》・賜遺《しい》の物を伝送して女王に詣《いた》らす」とあって、邪馬台国時代には一大率の仕事であった。そして、この一大率の任にあったのは伊都国王であったらしいことも考証したとおりである。

　とすれば、ヤマト王権は、その職掌を伊都国王の後裔である伊都県主から奪い、中央豪族の出自を持つ筑紫国造の役割としたということになる。岡県主や伊都県主がその後の史料に姿をあらわさないのは、筑紫国造の配下になってしまったからかもしれない。

　邪馬台国時代の一大率は、その名称の類似もあってか、大宰府《だざいふ》と比較される場合があるが、一大率の職掌が大宰府に引き継がれたのではなく、いったんは筑紫国造がその任務を継承したのである。ただし、筑紫国造の職掌は磐井の乱のあとに変化すると考えられ、その点については後述する。

朝鮮半島におけるヤマト王権の権益

　ヤマト王権が九州を平定し、日本列島の大部分を支配下に置いた頃、朝鮮半島では新羅が隆盛しはじめていた。新羅は三七七年に中国北朝の前秦《ぜんしん》に朝貢し、三八二年にも新羅王楼寒《ろうかん》が前秦に朝貢している。『三国史記』によれば、これは奈勿《なこつ》王（在位・三五六～四〇二年）の時代に相当するが、同書にも前秦との通交がうかがえる。

> 二十六年（中略）衛頭《えいとう》を遣《つかわ》して符秦《ふしん》に入らしめ、方物《ほうぶつ》を貢ず。符堅《ふけん》、衛頭に問いて曰《いわ》く「卿《けい》の言、海東《かいとう》の事、古《いにしえ》と同じからず、何《なんぞ》や」。答えて曰く「亦《また》なお中国の如《ごと》し。時代変革し、名号改易《かいえき》す。今《いま》いずくんぞ同《おなじ》きを得んや」

二十六年は三八一年に相当し、三八二年の楼寒の朝貢にあたるのであろう。新羅の心意気の高さをみる思いだが、その新羅は加羅地方への侵出をもくろむようになる。さきに、三六九年のヤマト王権の朝鮮半島南部への出兵は、加羅地域からの新羅勢力の駆逐が目的だったと述べたが（174ページ）、新羅の加羅地方への領土的野心は、その後も継続していたと考えるべきであろう。

いっぽう、朝鮮半島北部では高句麗が台頭してきた。楽浪郡の滅亡は、この高句麗の発展と関係がある。高句麗の建国神話は朱蒙《しゅもう》が国の始祖というが、紀元前一世紀に前漢が玄《げん》菟《と》郡高句麗県の地を放棄した頃から勢力を拡大し、紀元二年には後漢に朝貢して、高句麗王に冊封《さくほう》（中国皇帝が冊書《さくしょ》によって称号を与えること）され、三年には丸都城《がんとじょう》（現・中国の集安《しゅうあん》）に遷都した。その後、二一九年に公孫康《こうそんこう》が高句麗に侵攻するが、二三八年に魏が公孫氏（燕《えん》王）を滅ぼすと、ふたたび勢力を伸ばして、二四二～二四五年には魏と戦い、やがて魏の滅亡（二六五）と晋《しん》の建国（二六六）により中国勢力が弱まると、三一三年には楽浪郡を占領、ここに楽浪郡は滅亡した。

ちなみに、魏が倭国に詔書と黄幢《こうどう》（軍旗）を与えたのは（83～84ページ）、高句麗との戦いに際して倭国を同盟国にしようとしたからという説もあるが、私は前述のように、これらは倭国内の狗奴国との内紛に関係したものと考えている。

さて、百済は四世紀には高句麗に対して攻勢に出て、ヤマト王権の軍事的協力を得て馬韓南部に領土を広げた三六九年には、高句麗とも戦い、その王を敗死させている。

しかし、このような状況は高句麗に広開土王が出たことによって一変し、百済はヤマト王権と高句麗にはさまれて苦慮することとなる。高句麗の南下政策は、広開土王のあとを継いだ長寿王《ちょうじゅおう》によってさらに進められ、四七五年、百済は首都の漢城を陥《おとしい》れられて、一時滅亡の憂《う》き目にあう。

ヤマト王権ではこの時期、雄略天皇が大王位にあった。雄略天皇は四七八年、倭王武《ぶ》として中国の南朝、宋《そう》に使者を送り、きたるべき高句麗への遠征をほのめかす。『日本書紀』には、「筑紫の安致臣《あちのおみ》・馬飼臣《うまかいのおみ》等、船師《せんし》を率《ひき》いて高麗を撃つ」として、翌年四七九年（雄略二十三年是歳条）の出兵を記すが、その戦果は明らかではない。

百済の任那進出

新羅の援助で熊津《ゆうしん》（現・韓国の公州《コンジュ》）に都《みやこ》を移した百済は、南に活路を見出すべく、まだ支配下に入っていない馬韓南部に進出しようとする。この地域は、三六九年のヤマト王権による朝鮮出兵の対象で、その後は百済領になっていたが、百済が高句麗と友好関係を結ぶようになったため、ヤマト王権が占領していた。

このことは『日本書紀』に明らかで、応神八年三月条の注に「百済記《くだらき》」を引用しており、百済に阿花王《あかおう》が立って貴国（倭国）に無礼だったので、百済の「枕弥多礼《とむたれ》及び峴南《けんなん》・支侵《ししん》・谷那《こくな》・東韓《とうかん》」の地を倭国に奪われたという。

これらのなかで、東韓については、応神十六年に阿花王が亡くなったあと、人質として来ていた直支《とき》を百済に帰して王位につけた際に返還された。『日本書紀』の注に、東韓は甘羅城《かんらじょう》・高難城《こうなんじょう》・爾林城《にりんじょう》（現・韓国の全羅南道《チョルラナムド》北部から全羅北道《チョルラブクト》にかけてとする見解あり）のこととある。東韓以外の枕弥多礼・峴南・支侵・谷那の諸地域は、百済に返還されずに残されていたわけである。

『日本書紀』仁徳四十一年三月条に、紀角宿禰《きのつののすくね》を百済に派遣して「始めて国郡《こくぐん》の壃場《きょうえき》を分《わ》かち、郷土《きょうど》の所出《しょしゅつ》を録す」とみえるが、いくらなんでも百済国内の地域分けをヤマト王権派遣の人間にできるわけはないので、これは百済と残されたヤマト王権の支配地の「国境」の画定と、後者からヤマト王権に貢納する物品を調べ上げたと解される。

百済としては自国の領土を大きくしたいから、百済の当局者とヤマト王権側との間に軋《あつ》轢《れき》が生じ、このとき『日本書紀』が記す、百済の王族、酒君《さけのきみ》の「無礼」という事件がおこったのであろう。

百済が高句麗に滅ぼされたとき、『日本書紀』は、『日本旧記《にほんきゅうき》』の記載「久麻那利《くまなり》を以《もっ》て（百済の）末多王《まつたおう》に賜《たま》う」から、日本の雄略天皇がその地を汶洲王《もんすおう》に与えて百済を復興させたという文を記しているが、『日本書紀』自身が注で述べるように、これは『日本旧記』が任那の下哆呼唎《あろしたこり》県の邑《むら》である久麻那利（くまなり）と百済の新首都の熊津（くまなり）を混同したまちがいらしい。

ただ、ここで天皇が久麻那利を百済王に賜ったと述べているのは、久麻那利のある任那の下哆呼唎の地が、ヤマト王権の支配下にあったから出てくる見解であることに注意しなくてはいけない。このことからみても、応神十六年以後も朝鮮半島の一部にヤマト王権が治めていた地域が存在していたとみるべきで、『日本書紀』のいう任那とは、狭義にはこの地域を指していたらしい。

北方の領地を高句麗に奪われた百済にとって、南方の旧領を回復することが重要な課題となったことは想像にかたくない。このような野心を秘めていたかはわからないが、四七九年に即位した東城王《とうじょうおう》のもと、百済はヤマト王権とは距離を置きはじめたらしい。これに対し、ヤマト王権は応神天皇の時代なら、百済に軍事的圧力をかけたであろうが、そのような形跡はみられない。

雄略天皇の死後、王位継承をめぐって、大伴室屋《むろや》が擁する白髪《しらが》皇子（のちの清寧《せいねい》天皇）

と、吉備の上道《かみつみち》氏を後ろ盾に持つ星川皇子《ほしかわのみこ》の間に「星川皇子の乱」と呼ばれる紛争があって、清寧天皇の死後は後継者が定まらず、一時飯豊青皇女《いいとよのあおのひめみこ》が執政する事態となり、そのあとを承《う》けた顕宗、仁賢《にんけん》の二天皇の時代もいずれも短期に終わったようだ。その間、大《おお》連《むらじ》の大伴氏と大臣《おおおみ》の平群真鳥《へぐりのまとり》の対立が激化し、仁賢天皇の死後、平群真鳥が大伴金村《かなむら》に滅ぼされる事件もおこった。

　このように、雄略天皇のあと、ヤマト王権内部は不安定要素を抱えていたために、朝鮮諸国に強硬な対応ができなかったと考えられる。もちろん、その間も旧馬韓南部へのヤマト王権の支配は続いたであろうが、百済の南下によって、その立場も微妙になったことは想像にかたくない。そのための調整もおこなわれたらしい。

『日本書紀』継体三年（五〇九）二月条には、使者を百済に派遣して、「任那の日本の県《けん》邑《ゆう》」にいる、百済から浮逃し百済の戸籍（貫《かん》）から漏れて三〜四世代になる人を「百済に遷《うつ》して貫に附《ふ》」したとある。

　これは、任那にいる百済系住民を百済に移送したようにもとれるが、もともと同地はかつて百済領なので、三〜四世代さかのぼれば、ほとんどは百済人だったことになる。この措置は、任那の地に住む住民を百済の民としてあつかうこととした（近代的な表現を使えば百済国籍とした）と解せないであろうか。つまり、狭義の任那はヤマト王権の支配地ではあるものの、住民は大半が百済の民となったわけである。

人民を返還すれば、次は土地になるのは時間の問題である。このようななかで、ヤマト王権が任那すなわち南部馬韓を領有することにメリットを認めず、むしろこの際、返還して百済との関係を強化したほうが得策と考える者が王権内に出てきたとしても、不思議ではない。

朝鮮半島への派兵

ヤマト王権による百済への任那返還を、『日本書紀』にしたがって記すと、次のようになる。

継体六年（五一二）四月に穂積押山《ほずみのおしやま》を百済に派遣、同年十二月、百済は使節を派遣して、上哆唎《おこしたり》・下哆唎《あろしたり》・娑陀《さだ》・牟婁《むろ》の任那四県の返還を要請、哆唎国守《たりのこくしゅ》の穂積押山は百済の要請に賛同する旨の奏上をおこない、大伴金村はそれを了承する。下哆唎はさきに述べた久麻那利の所在地で、ヤマト王権の支配下にあったことが明らかであるから、百済の要請は、かつての百済領の返還を求めていたわけである。ちなみに、穂積押山は哆唎に派遣された行政官で、現地の情勢から百済への返還が得策と判断したのであろう。

さらに、継体七年（五一三）に百済と伴跛《はへ》との間で、己汶《こもん》領有をめぐる紛争が勃発。倭国は百済の己汶・滞沙《たさ》領有を支持したので、翌年には、任那（加羅）が滞沙を軍事占領して倭と交戦する事態に発展している（図6）。

図6　6世紀はじめの朝鮮半島

これらの代償として、百済はヤマト王権に五経《ごきよう》博士《はかせ》（儒教の経典『詩経《しきよう》』『尚書《しようしよ》』『易経《えききよう》』『春秋《しゆんじゆう》』『礼記《らいき》』を講じる学者）などの知識人を派遣することとなるわけだが、大伴金村らは、遠隔地の経営

よりも百済からの文化の導入にメリットを見出したということであろう。

このように、ヤマト王権は加羅諸国の事情より百済の利害を優先する外交を展開したが、このことが加羅諸国のヤマト王権への不信感を招くこととなった。特に、多沙津《たさのつ》を百済に与えたことにより、加羅は「日本」をうらんで新羅と結ぶ。加羅が新羅と組んだことは、『三国史記』新羅本紀に記事がある。

法興王《ほうこうおう》九年（五二二）三月　加耶《かや》（加羅）国王、使《つかい》を遣《つかわ》して婚を請《こ》う。王、伊《い》湌《さん》比《ひ》助夫《じょふ》の妹を以《もつ》て送る。

法興王十一年（五二四）九月　王、出て南境を巡り地を拓《ひら》く。伽耶（加羅）国王、来たり会す。

このことは、『日本書紀』継体二十三年（五二九）三月条にも、加羅王は新羅の王女と結婚して児《こ》ができたと記されている。しかし、新羅王女の従者の服装問題から加羅と新羅の関係は悪化、やがて新羅は加羅の領土を侵略することとなる。『日本書紀』のいう南加羅・喙己呑《とくことん》の侵略がそれである。ここにきて、ヤマト王権は朝鮮に出兵し、武力で新羅を駆逐する策に出た。近江毛野の派遣である。それに対して、九州で抵抗したのが筑紫国造の磐井だったのである。

磐井の乱

継体二十一年（五二七）、「新羅に破られし南加羅・喙己呑」を復興するために、近江毛野が六万の兵を率いて任那に行こうとしたが、新羅から賄賂《わいろ》を受けた筑紫国造磐井に阻止される。朝廷は物部麁鹿火《あらかひ》を大将軍として派遣し、翌二十二年十一月に御井《みい》（現・福岡県久留米市）で磐井を破る。磐井の乱である。

このように、磐井の叛逆はヤマト王権の朝鮮出兵と関係しているとされるが、それを切り離す考えもある。南加羅が新羅に敗れたのを継体二十三年（五二九）の出来事とみなし、近江毛野の派兵をそれ以降と推測して、磐井の乱と朝鮮出兵は無関係とするのである。さらに、新羅の南加羅進出は、任那王が来朝して新羅の越境をヤマト王権に訴えたあたりからとして、ヤマト王権の出兵はそれを受けたもので、磐井の乱も五三〇年頃に引き下げる考えもある。

いずれも『日本書紀』の情報に操作を加えるものだが、私は深読みと考える。

『日本書紀』の近江毛野派兵の発端は確かに唐突に書かれてはいるが、それ以前に新羅が南加羅に侵入していてもおかしくない状況だったことは、さきにみた新羅王女の従者の服装問題に端を発した加羅・新羅の関係悪化からもうかがえ、それが新羅の攻撃につながったことは十分に考えられる。したがって、私はことさらに近江毛野の出兵や磐井の乱の年代を操作するのには従えない。

『日本書紀』は、磐井について「陰《ひそか》に叛逆《そむ》くことを謨《はか》りて、猶預《ゆうよ》して年を経《へ》たり。事《こと》の成《な》り難《がた》きことを恐《おそ》りて、恒《つね》に間隙《かんげき》を伺《うかが》う」と記して、彼がヤマト王権への反抗心を抱いたのは積年のことであったとする。これが事実かどうかも問題だが、なんらかの不満を長く抱いていたことはありうるかもしれない。しかし、磐井が最終的に反旗をひるがえすのは近江毛野の出兵を契機としたという『日本書紀』の記事は、おおむね信用できると思う。

ただ、『日本書紀』の継体天皇の年次については、その没年に諸説があり、それによって磐井の乱の年代も動く可能性がないこともない。しかし、『古事記』に継体天皇の代の出来事と明記されているから、継体天皇の治政下でおこったことは否定できないだろう。

では、具体的に磐井はどのように朝廷に背《そむ》いたのか。『日本書紀』継体二十一年（五二七）六月甲午《こうご》条には、磐井がひそかに朝廷に背こうとしていることを知った新羅が、「密《ひそか》に貨賂《まいない》を磐井が所《ところ》に行《や》りて、勧《すす》むらく、毛野臣《けなのおみ》（近江毛野）の軍を防遏《ぼうあつ》せよ」といったので、磐井は「火（肥前国・肥後国）、豊（豊前国・豊後国）、二つの国に掩《おそ》い拠《よ》りて、使《つかえ》修《ま》職《つ》ら」なくなったという。

磐井の行動が、近江毛野軍の渡海を妨害したことだったと思われるのは、さきに述べたとおりである。このとき、磐井は毛野に向かって、かつては「肩摩《す》り肘《ひじ》触れつつ、共器にして同食《どうしょく》」したのに、「いずくんぞ、卒爾《そつじ》に使いとなりて、余をして儞《なんじ》が前に自から伏《ふく》さしめん」と暴言を吐き、ついに「戦いて受けず」、つまり毛野の軍と戦闘に入ったとある。

このような磐井の態度に対して、ヤマト王権は物部麁鹿火を大将軍として派遣し、翌二十二年十一月に御井で磐井を破るのだが、『日本書紀』継体二十二年（五二八）十一月甲《こう》子《し》条は、次のように叙述している。

旗鼓《きこ》相望み、埃塵《あいじん》相接す。機《き》を両の陣の間に決して、万死する地を避《さ》らず。遂《つい》に磐井を斬《き》りて、果たして疆場《きょうえき》を定む。

これらは漢文の引き写しだが、最後の「果たして疆場を定む」が九州への国造制の施行を意味するという見解がある。これは、疆場を「さかい」と読ませるところから九州内の国境設定を意味すると理解するものだが、疆場は辺境を意味するのであって、九州というヤマト王権にとっての辺境地帯での乱を平定したと理解すべきである。したがって、ここから磐井の乱後に国造制が施行されたということはできない。あくまで、この乱は、国造の中央に対する反乱と考えるべきだ。

ただし、磐井が最初から武力を用いてヤマト王権に反抗したのかどうかは判然としない。水谷《みずたに》千《ち》秋《あき》氏（堺女子短期大学教授。著書に『継体天皇と朝鮮半島の謎』など）は、『筑後国風土記』の逸文の記述「俄《にわか》に官軍動発《どうはつ》して、撃たんとする間に」から、ヤマト王権の攻撃は磐井には予期せぬもので、さきに攻撃したのはヤマト王権側であったとしている。磐井を北部九州の首長を代表する者とする水谷氏の見解は別として、近江毛野の派兵に対する磐井のサボタージュに対して、ヤマト王権が武力で応対したというのが真相かもしれない。

ちなみに、『筑後国風土記』は、岩戸山古墳を磐井の墓に比定する根拠ともなった史料だが、そこには古老の伝として、磐井は豊前国上膳《かみつみけ》県（現・福岡県豊前市・築上《ちくじょう》郡）に逃れて、そこの山中で亡くなったと記している。判官贔屓《ほうがんびいき》の類《たぐい》の伝承ではあろうが、豊前国上膳県は筑後川をさかのぼり、日田《ひた》を越えて山国川《やまくにがわ》沿いに下れば達することができるので、逃走路としてはありえない話ではない。なによりも、景行天皇の逃走路がほぼこのルートと考えられている。

なお、岩戸山古墳はまだ十分な発掘調査がなされておらず、『筑後国風土記』の文が正しければ埋葬施設はともなっていないはずで、今後の調査結果を楽しみに待ちたい。

九州勢力の再結集

磐井はあくまでヤマト王権下の国造であり、ヤマト王権の九州支配の一翼を担う立場であったから、彼の権勢を、かつての九州王権と同じようにみることはできない。

しかし、ヤマト王権から派遣されたとはいえ、国造制が敷《し》かれて一五〇年近く経過していたと思われ、しかもその地位は世襲されたと考えられるから、磐井に九州の人々と利害が一致することがあったことは想像するにかたくない。さらに、磐井の勢力が火国（肥前国・肥後国）・豊国（豊前国・豊後国）におよんでいたことからみて、県主をはじめ、その他の国造までもが筑紫国造に従う構図ができていた可能性も高い。筑紫国・火国・豊国といえば、卑弥呼が統治した倭国の領域とほぼ一致するのも偶然とは思えない。

このようにみると、ヤマト王権の領域内ではあるものの、中央から遠く離れた九州の地で、筑紫国造を中心に九州王権のいわば亜流が生まれていたのかもしれない。そのような考えを抱かせるのは、墓制にみられる九州独特のあり方、いわゆる石人《せきじん》・石馬《せきば》（写真10）の文化である。石人を持つ古墳は、磐井の祖先の墳墓と思われる石人山古墳からはじまるといわれているので、過去の九州王権の地が磐井の登場よりも早い五世紀半ばに、有力国

写真10 石人《せきじん》・石馬《せきば》

古墳に立てられた石造彫刻。人物、動物、刀などがあり、古墳時代中期以降、北部九州に顕著にみられる。写真は岩戸山《いわとやま》古墳（古墳時代後期）出土の石人（左）と石馬（いずれも岩戸山歴史文化交流館保管）

造である筑紫国造を中心にまとまりはじめていたとも考えられる。だが、まもなくヤマト王権は有力な国造を抑圧する政策を取りはじめる。雄略天皇の時代である。

『日本書紀』では、特に雄略天皇によって吉備の下道《しもつみち》氏が滅ぼされたことが記されているが、事《こと》は吉備にかぎったことではなかったらしい。

雄略天皇は、仁徳天皇の時代に諸国に分け置かれておそらく現地の国造の支配下に入っていた秦《はた》の民を、みずからの側近の秦酒公《さけのきみ》に一括して管理させるようにしたうえで、あらためて諸国に分散している（『日本書紀』雄略十五年条、同十六年七月条）。漢《あや》の民についても、仁徳朝に諸国に分散されたものを、雄略天皇の時代に漢直《あやのあたい》を漢部《あやべ》の統率する伴造《とものみやつこ》に任命している（同十六年十月条）。これらは、国造のもとから、渡来人の技術力を奪うことにほかならない。

正倉院《しょうそういん》（奈良県奈良市）に残る豊前国戸籍の断簡《だんかん》から、豊前に多くの秦の民が居住していたことが知られる。彼らの居住が磐井の時代までさかのぼるかどうかは議論があろうが、仮にその頃、秦の民が九州に居住していたとしても、国造は彼らを統治し、その技術力を利用することができなくなっていたわけである。

さらに、『古語拾遺』には、雄略天皇の時代のこととして「諸国の貢調《こうちょう》、年々に盈《み》ち溢《あふ》れ」たので、あらたに大蔵《おおくら》を設置したという記述がある。これはおそらく、国造からの貢納を強化したことが背景にあるのであろう。

このように、五世紀後半の雄略天皇の頃から、国造はいわば受難の時を迎えたわけだが、さらに九州の場合、その土地特有の負担の強化があったと推測される。それが九州産の石材で製作された石棺《せっかん》の納入である。

五世紀前期から、阿蘇産の石材を使って九州、特に肥後地方で造られた石棺が、畿内や瀬戸内の古墳に使用されるようになる。なかでも「阿蘇ピンク石」ともいう馬門《まかど》ピンク石を用いた石棺が、五世紀後期の後半に近畿のかぎられた地域に集中するという。

柳沢一男《やなぎさわかずお》氏（宮崎大学名誉教授。著書に『筑紫君磐井と「磐井の乱」』など）は、これらのことを氏の想定する「有明首長連合《ありあけしゅちょうれんごう》」と王権との密接な関係を意味するととらえているが、地元では使用されない石棺が近畿に集中するのが、年代からいって雄略天皇の時代に相当することからみても、私は雄略天皇による国造への負担強化の事例と考えている。このような過酷な負担強化が、磐井の乱の背景にあったのではないか。

馬門ピンク石の石棺は、継体天皇陵と考えられている今城塚《いましろづか》古墳（大阪府高槻市）にも用いられ、さらに推古天皇の最初の陵墓とも推定されている植山《うえやま》古墳（奈良県橿原《かしはら》市）にも採用されているから、磐井の乱のあとも中央に納められ続けたようである。乱を経て、九州の国造への負担は強まりこそすれ、弱まることはなかったのである。

最後の輝き

では、磐井の乱はその後の歴史に、なにももたらさなかったのであろうか。

私は、そんなことはないと考える。まず、そのもっとも大きな意義は、ヤマト王権が、国造による地方支配の限界に気づいたことだろう。

特に、筑紫国造の重要な役割であったはずの港湾の管理と、それにともなう外交上の役割は、磐井の乱で機能しなくなってしまった。つまり、国造が離反したら、ヤマト王権は大きな弊害をこうむる。したがって、港湾施設の管理を国造から朝廷の直轄に置くことは、磐井の乱に懲《こ》りたヤマト王権が、まずなさねばならないことだったのである。事実、乱のあと、磐井の子の葛子《くずこ》は博多湾に面した糟屋屯倉《かすやのみやけ》を朝廷に献上するが、これは朝廷の望むことでもあったろう。

屯倉は朝廷直轄地や王族の私有地のことで、ヤマト王権のお膝元、奈良盆地で垂仁天皇の時代に設定された、天皇の直轄領である倭の屯田《みた》がもっとも古い事例と思われる。

磐井の乱で国造制の限界を知った朝廷は、国造の支配地に屯倉を設置し、いわば国造制のなかに屯倉制を組み入れていく。『日本書紀』安閑紀《あんかんき》に一括して掲載されている諸国屯倉の設置は、このような事情があったのであろう。もちろん、国造制はその後も存続し、その廃止は大化改新を待たねばならないが、「国造制から屯倉制へ」という時代の流れを作ったこと、これが磐井の乱のもたらした、もっとも大きな歴史的意義である。

ちなみに、国造が屯倉の管理にあたったという見解もあるが、国造の支配地を割《さ》いて屯倉が設置されている事例からみても従えない。たとえば、播磨国にあった縮見《しじみ》屯倉は、忍《おし》海部《ぬみべ》造《のみやつこ》細目《ほそめ》なるものが屯倉首《みやけのおびと》として治めており、播磨国造は関与していない（『日本書紀』顕宗即位前紀《けんぞうそくいぜんき》）。

また、屯倉と国造との関係で言及される、大化元年八月の東国《とうごく》国司への詔《みことのり》の一節「元《もと》より国造《くにのみやつこ》・伴造《とものみやつこ》・県稲置《あがたのいなぎ》にあらずして、たやすく詐《いつわ》り訴えて言《もう》さまく、我が祖の時より、此《こ》の官家《みやけ》を領《つかさど》り、是《こ》の郡県《こおりあがた》を治む、と申さむ」は、国造・伴造・県稲置、それぞれの職掌に分けて考え、郡を治めるのは国造、県は県稲置、官家を治めるのは伴造という意味であろう。播磨の縮見屯倉は忍海部造細目が、筑紫屯倉は神《かむ》八《や》井命《いのみこと》の後裔という筑紫《つくし》三家《みやけ》連《のむらじ》がその任にあたったと思われる。

このように、磐井の乱のあと、筑紫国造の職掌は大幅に縮小され、馬門ピンク石の石棺など特産品の中央への貢納をもっぱらの任務とする地方役人になり下がってしまったようだ。かつての九州王権の残照は、ここにその最後の輝きを失い、あとは外界の人々の目に触れない古墳石室内の装飾に、わずかに名残をとどめるにすぎなくなったのである。

『魏志』倭人伝・全文読み下し

※陳寿著『三国志』魏志・巻三〇東夷伝倭人条の原文を著者が読み下した。（ ）は著者による注釈である。

倭人《わじん》は帯方《たいほう》（郡）の東南大海《とうなんたいかい》の中にあり、山島《さんとう》に依《よ》りて国邑《こくゆう》をなす。旧《きゅう》、百余国。漢《かん》の時朝見《ちょうけん》する者あり。今《きん》、使訳《しやく》通ずる所《ところ》三十国。

郡《ぐん》より倭に至《いた》るには、海岸に循《そ》って水行《すいこう》し、韓国《かんこく》を歴《へ》て、乍《あるい》は（たちまちと読む説あり）南《みなみ》し乍は東《ひがし》し、其《そ》の北岸狗邪韓国《くやかんこく》に到《いた》る。七千余里。始《はじ》めて一海《いっかい》を度《わた》る千余里、対馬国《つしまこく》に至る。其の大官《たいかん》を卑狗《ひく》と曰《い》い、副《ふく》を卑奴母離《ひなもり》と曰う。居《お》る所《ところ》絶島、方《ほう》四百余里ばかり。土地は山険《けわ》しく、深林《しんりん》多く、道路は禽鹿《きんろく》の径《こみち》の如《ごと》し。千余戸あり。良田《りょうでん》無く、海物《かいぶつ》を食《しょく》して自活し、船に乗りて南北に市糴《してき》（交易）す。又《また》南一海を渡る千余里、名づけて瀚海《かんかい》と曰う。一大《い》（支《き》の誤り）国《こく》に至る。官《かん》を亦《また》、卑狗《ひく》と曰い、副を卑奴母離と曰う。方三百里ばかり。竹木《ちくぼく》・叢林《そうりん》多く、三千許《ばか》りの家あり。差々《やや》田地あり、田を耕《たがや》せども、なお食するに足らず、亦南北に市糴す。又一海を渡る千余里、末盧国《まつらこく》に至る。四千余戸あり。山海《さんかい》に浜《そ》いて居る。草木茂盛《もせい》し、行くに前人《ぜんじん》を見ず。好んで魚鰒《ぎょふく》（あわび）を捕《とら》え、水深浅《しんせん》と無く、皆《みな》沈没してこれを取る。東南陸行《りくこう》五百里にして、伊都国《いとこく》に到る。官を爾支《にき》と曰い、副を泄謨觚《せもこ》・柄渠觚《へここ》と曰う。千余戸あり。世々《よよ》王あるも、皆女王国《じょおうこく》に統属す。郡使《ぐんし》の往来常《つね》に駐《とど》まる所なり。東南、奴国《なこく》に至る。百里。官を兕馬觚《しまこ》と曰い、副を卑奴母離と曰う。二万余戸あり。東行、不弥国《ふみこく》に至る。百里。官を多模《たも》と曰い、副を卑奴母離と曰う。千余家あり。

南、投馬国《とうまこく》に至る。水行二十日。官を弥弥《みみ》と曰い、副を弥弥那利《みみなり》と曰う。五万余戸ばかり。南、邪馬壹《やま》（臺《たい》の誤り）国《こく》に至る。女王の都《みやこ》する所。水行十日、陸行一月。官に伊支馬《いきま》あり、次を弥馬升《やましょう》と曰い、次を弥馬獲支《やまかし》と曰い、次を奴佳鞮《なかて》と曰う。七万余戸ばかり。女王国より以北、其の戸数道里《こすうどうり》は略《ほぼ》載《の》し得るべきも、其の余《よ》の旁国《ぼうこく》は遠絶にして詳《つまびら》かにし得《う》るべからず。

次に斯馬国《しまこく》あり、次に已百支国《いほきこく》あり、次に伊邪国《いやこく》あり、次に都支国《つきこく》あり、次に弥奴国《みなこく》あり、次に好古都国《ここつこく》あり、次に不呼国《ふここく》あり、次に姐奴国《さなこく》あり、次に対蘇国《たいそこく》あり、次に蘇奴国《そなこく》あり、次に呼邑国《こおこく》あり、次に華奴蘇奴国《かなそなこく》あり、次に鬼国《きこく》あり、次に為吾国《いがこく》あり、次に鬼奴国《きなこく》あり、次に邪馬国《やまこく》あり、次に躬臣国《くしこく》あり、次に巴利国《はりこく》あり、次に支惟国《きいこく》あり、次に烏奴国《うなこく》あり、次に奴国《なこく》あり、これ女王の境界の尽くる所。

其の南に狗奴国《くなこく》あり。男子を王となす。其の官に狗古智卑狗《くこちひく》あり。女王に属せず。郡より女王国に至る万二千余里。

男子は大小《だいしょう》と無く、皆黥面文身《げいめんぶんしん》（入《い》れ墨《ずみ》）す。古《いにしえ》より以来《このかた》、其の使《つかい》、中国に詣《いた》るや、皆自《みずか》ら大夫《たいふ》と称す。夏后少康《かこうしょうこう》の子、会稽《かいけい》に封《ほう》ぜられ、断髪《だんぱつ》文身して、以《もっ》て蛟竜《こうりゅう》（竜など海中生物）の害を避《さ》く。今、倭の水人《すいじん》、好んで沈没して魚蛤《ぎょこう》（蛤《はまぐり》）を捕《とら》へ、文身し亦《また》以て大魚《たいぎょ》・水禽《すいきん》（水鳥）を厭《はら》ふ。後稍《あとやや》以て飾《かざり》となす。諸国の文身各々《おのおの》異なり、或《ある》いは左に、或いは右に、或いは大に、或いは小に、尊卑《そんぴ》差あり。其の道里を計《はか》るに、当《まさ》に会稽の東冶《とうや》の東にあるべし。

其の風俗淫《いん》ならず。男子は皆紒《みなかい》し（帽子をかぶらず）、木緜《もめん》を以て頭に招《か》け、其の衣《ころも》は横幅《おうふく》、但々《ただ》結束して相連《あいつら》ね、略々《ほぼ》縫《ぬ》ふこと無し。婦人は被髪屈紒《ひはつくつかい》し、衣を作ること単被《たんひ》の如く、其の中央を穿《うが》ち、頭を貫《つらぬ》きてこれを衣《き》る。禾稲《かとう》（イネ）・紵麻《ちょま》（カラムシ）を種《う》え、蚕桑緝績《ようさんしゅうせき》し、細紵《さいちょ》（細かい麻布）・縑《けん》（堅《かた》く織られた絹織物《きぬおりもの》）・緜《めん》（真綿《まわた》）を出《い》だす。其の地には牛《うし》・馬《うま》・虎《とら》・豹《ひょう》・羊《ひつじ》・鵲《じゃく》（かささぎ）無し。兵《へい》には矛《ほこ》・楯《たて》・木弓《もくきゅう》を用《もち》う。木弓は下を短く上を長くし、竹《ちく》箭《せん》（竹製の矢）は或いは鉄鏃《てつぞく》、或いは骨鏃《こつぞく》なり。有無《ゆうむ》する所、儋耳《たんじ》・朱崖《しゅがい》（現・中国の海南島《かいなんとう》）と同じ。

倭の地は温暖、冬夏生菜《せいさい》を食す。皆徒跣《とせん》（はだし）。屋室《おくしつ》あり、父母兄弟、臥息処《がそくところ》を異《こと》にす。朱丹《しゅたん》（赤色顔料）を以て其の身体《しんたい》に塗《ぬ》る、中国の粉《こ》を用うるが如きなり。食飲《しょくいん》には籩豆《へんとう》（高坏《たかつき》）を用い手食《てしょく》す。其の死には棺《かん》ある槨《かく》（棺《ひつぎ》を保護するもの）無く、土を封《ほう》じて冢《つか》（墓）を作る。始《はじ》め死するや停喪《ていそう》十余日、時《とき》に当《あた》りて肉を食《く》わず、喪主哭泣《そうしゅこくきゅう》し、他人就《つき》て歌舞《かぶ》飲酒《いんしゅ》す。

已《すで》に葬《ほうむ》れば、家を挙《あ》げ水中に詣《いた》りて澡浴《そうよく》し、以て練沐《れんぼく》の如くす。其の行来《こうらい》・渡海《とかい》、中国に詣るには、恒《つね》に一人をして頭を梳《くしけず》らず（頭髪を整えず）、蟣蝨《きしつ》（しらみ）を去らず、衣服垢汚《こうお》、肉を食さず、婦人を近づけず、喪人の如くせしむ。これを名づけて持衰《じさい》となす。もし行く者吉《きち》善《ぜん》なれば、共に其の生口《せいこう》（奴隷）・財物《ざいぶつ》を顧《こ》し、もし疾病《しっぺい》あり、暴害に遭《あ》えば、便《すなわ》ちこれを殺さんと欲す。其の持衰謹《つつし》まずと謂《い》えばなり。

真珠《しんじゅ》・青玉《せいぎょく》を出《い》だす。其の山には丹《たん》（水銀朱《すいぎんしゅ》）あり。其の木には柟《だん》（クスノキ）・杼《ちょ》（トチノキ）・予樟《よしょう》（クスノキ）・楺《じゅう》（ボケ）・櫪《れき》（クヌギ）・投（杉の説あり）・橿《きょう》（カシ）・烏号《うごう》（山桑《やまぐわ》）・楓香《ふうこう》（カエデ）あり。其の竹には篠《じょう》（笹）・簳《かん》（ヤガラ）・桃支《とうし》（カズラダケ）。薑《きょう》（生姜《しょうが》）・橘《きつ》（タチバナ）・椒《しょう》（山椒《さんしょう》）・蘘荷《じょうか》（茗荷《みょうが》）あるも、以て滋味《じみ》となすを知らず。獮猿《みこう》（猿）・黒雉《こくち》（雉《きじ》）あり。

其の俗《ぞく》、挙事行来《きょじこうらい》に、云為《うんい》する所あれば、輒《すなわ》ち骨を灼《や》きて卜《ぼく》し、以て吉凶を占《うらな》い、先《ま》ずトする所を告《つ》ぐ。其の辞《じ》は令亀《れいき》の法（古代中国の卜占《ぼくせん》）の如く、火坼《かたく》（裂け目）を視《み》て兆《ちょう》を占う。

其の会同《かいどう》（会合）・坐起《ざき》（ふるまい）には、父子男女別《べつ》無《な》し。人性《にんせい》酒を嗜《たしな》む。大人《たいじん》の敬《けい》する所を見れば、但々《ただ》手を搏《う》ち、以て跪拝《きはい》に当《あ》つ。其の人寿考《じゅこう》（長寿）、或いは百年、或いは八・九十年。其の俗、国《くに》の大人は皆四、五婦、下戸《げこ》も或いは二、三婦。婦人淫《いん》せず、妬忌《とき》（嫉妬《しっと》）せず、盗竊《とうせつ》せず、諍訟《そうしょう》少なし。其の法を犯《おか》すや、軽《かろ》き者は其の妻子を没《ぼっ》し、重《おも》き者は其の門《もん》戸《こ》及び宗族《しゅうぞく》を滅《めっ》す。尊卑《そんぴ》は各々《おのおの》差序あり、相《あい》臣服するに足《た》る。租賦《そふ》を収む、邸閣《ていかく》あり、国々市《いち》あり。有無（文物）を交易し、大倭《だいわ》をしてこれを監《かん》せしむ。

女王国より以北には、特に一大率《いちだいそつ》を置き、諸国を検察せしむ。諸国これを畏《おそ》れ憚《はばか》る。常に伊都国に治《ち》す。国中において刺史《しし》の如くあり。王、使《つかい》を遣《つかわ》して京都《けいと》・帯方郡《たいほうぐん》・諸韓国《しょかんこく》に詣《いた》り、及び郡の倭国に使《つかい》するや、皆津《つ》（港湾）に臨《のぞ》みて捜露《そうろ》（捜索）し、文書《ぶんしょ》・賜遺《しい》の物を伝送して女王に詣《いた》らすに、差錯《ささく》するを得ず。

下戸、大人と道路に相逢《あいあ》えば、逡巡《しゅんじゅん》して草《くさ》に入り、辞を伝え事《こと》を説《と》くには、或いは蹲《うずくま》り或いは跪《ひざまず》き、両手は地に拠《よ》り、これが恭敬《きょうけい》をなす。対応の声を噫《あい》と曰う。比《ひ》するに然諾《ぜんだく》の如し。

其の国、本亦《もとまた》男子を以て王となし、住《とど》まること七、八十年。倭国乱れ、相《あい》攻伐すること歴《れき》年《ねん》、乃《すなわ》ち共に一女子を立てて王となす。名づけて卑弥呼《ひみこ》と曰う。鬼道《きどう》に事《つか》え、能《よ》く衆《しゅう》を惑《まど》わす。年已《としすで》に長大なるも、夫壻《ふせい》無く、男弟《だんてい》あり、佐《たす》けて国を治《おさ》む。王となりしより以来、見るある者少《すくな》く、婢《はしため》千人を以て自ら侍《はべら》せしむ。唯《ただ》、男子一人あり、飲食を給《きゅう》し、辞を伝え出入す。居処《きょしょ》・宮室《きゅうしつ》（居処に出入すと読む説、居処の宮室と読む説あり）・楼観《ろうかん》・城柵《じょうさく》、厳《おごそ》かに設け、常《つね》に人あり、兵《へい》を持《じ》して守衛す。

女王国の東、海を渡る千余里、復《ま》た国あり、皆倭種《わしゅ》なり。又侏儒国《しゅじゅこく》あり、其の南にあり、人の長《たけ》三・四尺、女王を去る四千余里。又裸国《らこく》・黒歯国《こくしこく》あり、復た其の東南にあり。船行《せんこう》一年にして至るべし。倭の地を参問《さんもん》するに、海中洲島《しゅうとう》（島）の上に絶在し、或いは絶え或いは連《つら》なり、周旋《しゅうせん》五千余里ばかりなり。

景初《けいしょ》二年六月、倭の女王、大夫難升米《なんしょうまい》（なしめと読む説あり）等《ら》を遣して郡に詣り、天子《てんし》（皇帝）に詣りて朝献《ちょうけん》せんことを求む。太守劉夏《りゅうか》、吏《り》を遣し、将《ひき》いて送りて京都に詣らしむ。

其の年十二月、詔書《しょうしょ》して倭の女王に報じて曰く、

親魏倭王《しんぎわおう》卑弥呼に制詔《せいしょう》す。帯方の太守劉夏、使《つかい》を遣し汝《なんじ》の大夫難升米・次使都市牛利《じしとしぐり》を送り、汝献《けん》ずる所の男生口《だんせいこう》四人・女生口《じょせいこう》六人・班布《はんぷ》二匹二丈を奉《たてまつ》り以て到る。汝がある所、踰《はる》かに遠きも、乃《すなわ》ち使を遣して貢献《こうけん》す。これ汝の忠孝、我《わ》れ甚《はなは》だ汝を哀《あわ》れむ。今《いま》汝を以て親魏倭王となし、金印紫綬《きんいんしじゅ》を仮《か》し、装封《そうふう》して帯方の太守に付《ふ》し仮授《かじゅ》せしむ。汝、其れ種人《しゅじん》を綏撫《すいぶ》し、勉《つと》めて孝順を為《な》せ。汝が来使《らいし》難升米・牛利、遠きを渉《わた》り、道路に勤労す。今、難升米を以て率善中郎将《そつぜんちゅうろうじょう》となし、牛利を率善校尉《そつぜんこうい》となし、銀印青綬《ぎんいんせいじゅ》を仮し、引《いん》見労賜《けんろうし》し遣し還《かえ》す。今、絳地《こうち》の交竜錦《こうりょうきん》（赤地に竜を配した錦布）五匹・絳地の縐粟罽《すうぞくけい》（粟《あわ》模様の毛織物）十張・蒨絳《せんこう》（茜染《あかねぞ》めの布）五十匹・紺青《こんじょう》（紺青色の布）五十匹を以て、汝が献ずる所の貢直《こうち》に答う。又特に汝に紺地《こんじ》の句文錦《くもんきん》（紺地に文様のついた錦布）三匹・細班華《さいはんか》罽《けい》（細かな花模様の毛織物）五張・白絹《しらぎぬ》五十匹・金《きん》八両・五尺刀《ごしゃくとう》二口・銅鏡《どうきょう》百枚・真珠・

鉛丹《えんたん》（鉛を精製した赤色顔料）各々五十斤を賜い、皆装封して難升米・牛利に付す。還り到らば録受《ろくじゅ》し、悉《ことごと》く以て汝が国中《くにじゅう》の人に示し、国家《こっか》汝を哀れむを知らしむべし。故《ゆえ》に鄭《てい》重《ちょう》に汝に好物《こうぶつ》を賜うなりと。

正始《せいし》元年、太守弓遵《きゅうじゅん》、建中校尉《けんちゅうこうい》梯儁《ていしゅん》等を遣し、詔書・印綬《いんじゅ》を奉《ほう》じて、倭国に詣り、倭王に拝仮《はいか》し、并《なら》びに詔《しょう》を齎《もたら》し、金《きん》・帛《はく》・錦《きん》・罽《けい》・刀《とう》・鏡《きょう》・采物《さいぶつ》を賜う。倭王、使に因《よ》て上表《じょうひょう》し、詔恩《しょうおん》を答謝す。

其の四年、倭王、復た使《つかい》、大夫伊声耆《いせき》・掖邪狗《えきやく》等八人を遣し、生口・倭錦《わきん》・絳青縑《こうせいけん》（赤と青の絹布）・緜衣《めんい》（真綿の衣）・帛布《はくふ》（絹布）・丹《たん》・木𤝔《もくふ》（弣のまちがいの説あり。弣は弓の握り部分）・短弓《たんきゅう》・矢《や》を上献《じょうけん》す。掖邪狗等、率善中郎将の印綬を壱《ひと》しく拝《はい》す。

其の六年、詔《しょう》して倭の難升米に黄幢《こうどう》（軍旗）を賜い、郡に付して仮授せしむ。

其の八年、太守王頎《おうき》、官に到る。倭の女王卑弥呼、狗奴国の男王卑弥弓呼《ひみくこ》と素《もと》より和《わ》せず。倭載《さい》・斯烏越《しうえつ》（倭の載斯《さいし》・烏越《うえつ》と読む説もあり）等を遣して郡に詣り、相《あい》攻撃する状《さま》を説く。塞《そく》曹掾史張政《そうえんしちょうせい》等を遣し、因て詔書・黄幢を齎《もたら》し、難升米に拝仮し、檄《げき》（触《ふ》れ文《ぶみ》、檄文《げきぶん》）を為《つく》りてこれを告喩《こくゆ》す。

卑弥呼以て死す、大《おお》いに冢《つか》を作る。径《けい》百余歩、徇葬《じゅんそう》する者、奴婢《ぬひ》百余人。更《さら》に男王《だんおう》を立てしも、国中服《ふく》せず。更々《こもごも》相誅殺《ちゅうさつ》し、当時千余人を殺す。復た卑弥呼の宗女《そうじょ》、壹《い》（臺《と》の誤りとする説あり）与《よ》、年《とし》十三なるを立てて王となし、国中遂《つい》に定まる。政《せい》（張政）等、檄を以て壹与に告喩す。壹与、倭の大夫《たいふ》率善中郎将掖邪狗等二十人を遣し、政等の還るを送らしむ。因て臺《だい》（宮廷）に詣り、男女生口三十人を献上し、白珠《はくしゅ》五千孔・青大勾珠《せいだいこうじゅ》二枚・異文《いもん》の雑錦《ざっきん》二十匹を貢《こう》す。

関連年表

西暦	日本列島	大陸
紀元前108		前漢の武帝、楽浪郡を設置
紀元8		前漢、滅ぶ
25		後漢、興る
57	奴国王、後漢に朝貢	
	この間、北部九州で小国家の統合進むか	
107	倭国王帥升、後漢に朝貢	
123	倭、新羅と講和	
146～189	この頃、倭国乱れるという	
173	卑弥呼、新羅に使者を派遣か	
180	この頃、卑弥呼、王に共立されるか	
193	倭人、餓えて食を求めて新羅に行くという	
196～220		この頃、公孫康、帯方郡を設置
208		新羅、倭人に侵略される
219		公孫康、高句麗に侵攻
232		新羅、倭人に侵略される
233		新羅、倭人に侵略される
238		魏、公孫氏を滅ぼす
239	卑弥呼、魏に朝貢	
240	帯方郡使、来倭	
243	卑弥呼、魏に使者を派遣	
	この頃、卑弥呼と狗奴国王が交戦か	
245	倭、魏より黄幢を下賜される	

関連年表

246		韓の反乱
247	卑弥呼、帯方郡に使者を派遣 帯方郡使、来倭	
250	この頃、卑弥呼死して倭国乱れる 壱与、倭の女王となる この頃、崇神天皇のもとでヤマト王権、勢力を拡大 この頃、箸墓古墳築造か	
265		魏、滅ぶ。晋、興る
266	倭の女王、晋に朝貢	
287		新羅、倭人に侵略される
289		新羅、倭人に侵略される
292		新羅、倭人に侵略される
294		新羅、倭人に侵略される
300	倭、新羅と交聘す	
312	倭の王子、新羅の阿飡急利の娘と婚姻を結ぶ	新羅の阿飡急利の娘と倭王子、婚姻をなす
313		高句麗、楽浪郡を滅ぼす
4世紀前半	この頃、景行天皇の九州遠征か	
345	倭と新羅、断交する	
346		新羅、倭兵に侵略される
364		百済の使節、ヤマト王権と接触のため卓淳に至る。この年、新羅、倭兵に侵略される
365	この頃、ヤマト王権軍、九州北部に侵攻	
366	在九州のヤマト王権軍、卓淳に使節派遣	
367	百済・新羅の使節、来倭。ヤマト王権と国交を開く これより先、仲哀天皇、九州で崩御	

西暦	日本列島	大陸
367~369	この頃、ヤマト王権、山門を征服(九州王権の崩壊) ヤマト王権、朝鮮半島南部出兵 この間、神功皇后、権力を奪取	百済、半島南西部を平定 百済王、倭(ヤマト王権)との同盟を記念して七支刀を製作
372	ヤマト王権、七支刀を百済より受領	
389	神功皇后、崩御	
390	応神天皇即位	
406		百済、東韓を倭に奪われる
415		百済、直支王即位。百済、倭より東韓を返還される
475		百済の漢城、陥落
478	倭王武(雄略)、南朝(宋)に朝貢	
479	ヤマト王権、高句麗と交戦。雄略天皇、崩御 この頃、星川皇子の乱おこる	百済、東城王即位
512		百済、倭より任那四県を返還される
514		任那(加羅)、滞沙を軍事占領して倭と交戦
522		加羅国王と伊飡比助夫の妹、婚姻をなす
524		新羅の法興王、南境を巡守
526		この頃、新羅、南加羅に侵攻か
527	近江毛野の朝鮮への派兵決定 磐井の乱おこる	
528	磐井、御井で敗れる	

主要参考文献

壱岐市立一支国博物館編『海の王都・原の辻遺跡と壱岐の至宝』二〇一五年

伊都国歴史博物館編『「邪馬台国」を支えた国々 今使驛所通三十國』二〇一一年

伊都国歴史博物館編『伊都国の王都を探る』二〇一八年

伊都国歴史博物館編『倭の境界 對馬国』二〇一八年

伊都国歴史博物館編『玄界灘の交易要衝 一支国』令和元年度秋季特別展図録 二〇一九年

井上秀雄他訳注『東アジア民族史1 正史東夷伝』平凡社東洋文庫 一九七四年

大阪府立弥生文化博物館編『邪馬台国 九州と近畿』二〇一〇年

大谷光男『研究史 金印』吉川弘文館 一九七四年

小田富士雄編著『九州考古学散歩』学生社 二〇〇〇年

金関恕・佐原真・大林太良・高島忠平・平野邦雄・松下孝幸・森浩一著、東京新聞吉野ヶ里取材班編『邪馬台国と吉野ヶ里』学生社 一九九七年

金富軾撰、井上秀雄訳注『三国史記1』平凡社東洋文庫 一九八〇年

久米邦武『日本古代史と神道との関係』創元社 一九三九年

坂本太郎・家永三郎・井上光貞・大野晋校注『日本書紀』上・下 岩波書店 一九六五・一九六七年

田中卓『海に書かれた邪馬台国』青春出版社 一九七五年

田中俊明『古代の日本と加耶』山川出版社　二〇〇九年
鳥越憲三郎『大いなる邪馬台国』講談社　一九七五年
西嶋定生『倭国の出現』東京大学出版会　一九九九年
樋口隆康・平野邦雄監修『シンポジウム　邪馬台国が見えた』学生社　二〇〇一年
古田武彦『失われた九州王朝』角川文庫　一九七九年
古田武彦『邪馬一国への道標』角川文庫　一九八二年
水谷千秋『継体天皇と朝鮮半島の謎』文春新書　二〇一三年
森浩一『倭人伝を読みなおす』ちくま新書　二〇一〇年
安本美典「邪馬台国東遷説の新展開」（別冊宝島『古代史　15の新説』）二〇一六年
柳沢一男『筑紫君磐井と「磐井の乱」』新泉社　二〇一四年
洋泉社編集部編『古代史研究の最前線　邪馬台国』洋泉社　二〇一五年
吉川真司「律令国家の女官」（女性史総合研究会編『日本女性生活史』第1巻）一九九〇年
若井敏明「国県制の成立」（横田健一編『日本書紀研究』第二十一冊）一九九七年
若井敏明「邪馬台国以後の九州と大和」（神戸山手短期大学『神戸山手短期大学紀要』第53号）二〇一〇年
若井敏明『仁徳天皇』ミネルヴァ書房　二〇一五年
和田清・石原道博編訳『魏志倭人伝・後漢書倭伝・宋書倭国伝・隋書倭国伝』岩波文庫　一九五一年

切りとり線

★読者のみなさまにお願い

この本をお読みになって、どんな感想をお持ちでしょうか。祥伝社のホームページから書評をお送りいただけたら、ありがたく存じます。今後の企画の参考にさせていただきます。また、次ページの原稿用紙を切り取り、左記まで郵送していただいても結構です。

お寄せいただいた書評は、ご了解のうえ新聞・雑誌などを通じて紹介させていただくこともあります。採用の場合は、特製図書カードを差しあげます。

なお、ご記入いただいたお名前、ご住所、ご連絡先等は、書評紹介の事前了解、謝礼のお届け以外の目的で利用することはありません。また、それらの情報を6カ月を越えて保管することもありません。

〒101-8701（お手紙は郵便番号だけで届きます）
祥伝社　新書編集部
電話03（3265）2310
祥伝社ブックレビュー　www.shodensha.co.jp/bookreview

★本書の購買動機（媒体名、あるいは○をつけてください）

＿＿＿＿新聞の広告を見て	＿＿＿＿誌の広告を見て	＿＿＿＿の書評を見て	＿＿＿＿の Web を見て	書店で見かけて	知人のすすめで

★100字書評……謎の九州王権

名前

住所

年齢

職業

若井敏明　わかい・としあき

日本史学者。1958年、奈良県生まれ。1981年、大阪大学文学部国史学科卒業。1987年、関西大学大学院博士後期課程単位取得退学。1998年、「古代国家と僧尼」で博士(文学)。専門は日本古代史。現在、関西大学・佛教大学・神戸市外国語大学非常勤講師。著書に『平泉澄』『仁徳天皇』(共にミネルヴァ書房)、『邪馬台国の滅亡』(吉川弘文館)、『「神話」から読み直す古代天皇史』(洋泉社)など。

謎《なぞ》の九州王権《きゅうしゅうおうけん》

若《わか》井《い》敏明《としあき》

2021年３月10日　初版第１刷発行

発行者……………辻 浩明
発行所……………祥伝社《しょうでんしゃ》
〒101-8701　東京都千代田区神田神保町3-3
電話　03(3265)2081(販売部)
電話　03(3265)2310(編集部)
電話　03(3265)3622(業務部)
ホームページ　www.shodensha.co.jp

装丁者……………盛川和洋
印刷所……………萩原印刷
製本所……………ナショナル製本

Printed in Japan　ISBN978-4-396-11624-8　C0221

〈祥伝社新書〉
古代史

316
古代道路の謎
奈良時代の巨大国家プロジェクト

巨大な道路はなぜ造られ、廃絶したのか。文化庁文化財調査官が解き明かす

文化庁文化財調査官
近江俊秀

423
天皇はいつから天皇になったか？
天皇につけられた鳥の名前、天皇家の太陽神信仰など、古代天皇の本質に迫る

元・龍谷大学教授
平林章仁

326
謎の古代豪族 葛《かつら》城《ぎ》氏
天皇家と並んだ大豪族は、なぜ歴史の闇に消えたのか

平林章仁

513
蘇我氏と馬《うま》飼《かい》集団の謎
「馬」で解き明かす、巨大豪族の正体。その知られざる一面に光をあてる

平林章仁

510
渡来氏族の謎
秦《はた》氏、東漢《やまとのあや》氏、西文《かわちのふみ》氏、難波《なにわの》吉《き》士《し》氏など、厚いヴェールに覆われた実像を追う

歴史学者
加藤謙吉

〈祥伝社新書〉
古代史

370
神社が語る古代12氏族の正体
神社がわかれば、古代史の謎が解ける！
歴史作家 関 裕二

415
信濃が語る古代氏族と天皇
日本の古代史の真相を解く鍵が信濃にあった。善光寺と諏訪大社の謎
関 裕二

469
天皇諡《し》号《ごう》が語る古代史の真相
天皇の死後に贈られた名・諡号から、神武天皇から聖武天皇に至る通史を復元
関 裕二 監修

456
古代倭王の正体
海を越えてきた覇者たちの興亡
邪馬台国の実態、そして倭国の実像と興亡を明らかにする
古代史研究家 小林惠子

535
古代史から読み解く「日本」のかたち
天孫降臨神話の謎、邪馬台国はどこにあったのか、持統天皇行幸の謎ほか
国際日本文化研究センター教授 倉本一宏
マンガ家 里中満智子

〈祥伝社新書〉
中世・近世史

527
壬申の乱と関ヶ原の戦い
なぜ同じ場所で戦われたのか
「久しぶりに面白い歴史書を読んだ」磯田道史氏激賞
東京大学史料編纂所教授
本郷和人

565
乱と変の日本史
観応の擾乱、応仁の乱、本能寺の変……この国における「勝者の条件」を探る
本郷和人

501
天下人の父・織田信秀
信長は何を学び、受け継いだのか
信長は天才ではない、多くは父の模倣だった。謎の戦国武将にはじめて迫る
戦国史研究家
谷口克広

546
明智光秀　残虐と謀略
一級史料で読み解く
比叡山焼き討ちを率先、押領・ワイロの常習者……その実像に迫る
歴史作家
橋場日月

610
女たちの本能寺
「謎多き七人の実像、それぞれに新鮮な驚きがある」宮部みゆき氏推薦
歴史作家
楠戸義昭